JN014248

音 楽 交 流 の は じ ま り

19世紀末ウィーンと明治日本

著　オットー・ビーバ／イングリット・フックス
編著　武石みどり

Musik im Austausch:

Wien im ausgehenden 19. Jahrhundert und Meiji Japan

Otto Biba, Ingrid Fuchs, Midori Takeishi

Herausgegeben von Midori Takeishi

左右社

はじめに

オーストリアの使節が初めて日本を訪れたのは今から約150年前、1869年（明治2）年のことであった。この時、使節団は皇城において明治天皇に拝謁し、日本国澳地利洪牙利国修好通商航海条約が結ばれた。それ以来、19世紀末のウィーンの音楽文化は文明開化を進める明治日本にどのように入ってきたのだろうか。またオーストリアの人々は日本の音楽をどう受け止めたのだろうか。さらに、ウィーンを訪ねた当時の日本人たちは、そこに何を見出し、どのように行動したのであろうか。本書では1869年から1900年代初頭までの時期に光を当て、オーストリアと日本の文化交流の始まりと展開を音楽面から活写することを試みる。

　本書は資料篇と論考篇の2部分で構成される。前半の資料篇では、オーストリアと日本の友好150周年を記念して2019年に東京で開催された《音楽のある展覧会　19世紀末ウィーンとニッポン》で紹介されたウィーン楽友協会アーカイブ・ライブラリー・コレクションの収蔵品の一部に加えて、日本の各地に現存する関係資料を紹介し、両国の側から歴史を探る形とした。また後半には、オーストリアと日本の音楽交流に関わる5つの論考を並べ、さらに参考となる資料の図版も加えてある。

　本書のもうひとつの特徴は、日本語とドイツ語を併記している点である。著者2名はドイツ語で、1名は日本語で論考を執筆しているが、その内容をお互いに知り、さらにオーストリアと日本の両国の人々に知ってもらうためには、2か国語による出版が望ましいと考えた。一つの言語しか読まない人にとっては別の言語の部分は不要であるかもしれないが、同じ内容の情報を共有することが相互理解と今後の議論の土台となるはずである。

　読者の方々には資料と論考をとおして、さらには二つの言語をとおして、オーストリアと日本の音楽史の多様な側面を知っていただければ幸いである。

Vorwort

Im Jahr 1869 kam erstmals eine österreichische Delegation in diplomatischer Mission nach Japan. Der Meiji-Kaiser empfing die Delegation im Kaiserpalast, wo bei dieser Gelegenheit auch der erste Handelsvertrag zwischen Österreich und Japan unterzeichnet wurde. Für Japan, das sich zum Ziel gesetzt hatte, eine moderne Nation nach westlichem Vorbild zu werden, bedeutete dieses Treffen aber auch die erste Berührung mit der Kultur Österreichs, was in diesem Fall die erste Begegnung mit österreichischer Musik war. In diesem Buch soll daher der Frage nachgegangen werden, welchen Eindruck die österreichische Musik auf japanische Zuhörer hatte, die erstmals Gelegenheit hatten, solchen Klängen zu lauschen und wie die Verbreitung nicht nur der österreichischen sondern auch der westlichen klassischen Musik in der Folgezeit vonstatten ging. Da der Beginn und die Entwicklung des kulturellen Austauschs zwischen Österreich und Japan von einer musikalischen Perspektive her untersucht wird, steht die Zeit von 1869 bis in die frühen 1900er Jahre im Mittelpunkt.

Dieses Buch setzt sich aus zwei Teilen zusammen. Im ersten Teil werden die Bestände des Archivs der Gesellschaft der Musikfreunde in Wien vorgestellt, die anlässlich der Ausstellung „150 Jahre Musikbeziehungen Österreich-Japan" 2019 in Tokyo gezeigt wurden. Erstmals werden aber auch japanische Quellen vorgestellt, um die Geschichte dieser Musikbeziehungen zu vervollständigen. Der zweite Teil besteht aus fünf Aufsätzen, in denen sich japanische und österreichische Musikwissenschaftler kontrovers mit dem Musikaustausch zwischen Österreich und Japan auseinandersetzen. Ergänzend gibt es Abbildungen diverser Referenzmaterialien.

Eine weitere Besonderheit dieses Buches ist seine Zweisprachigkeit, denn die auf Japanisch und auf Deutsch verfassten Aufsätze wurden ins Deutsche bzw. Japanische übersetzt und bieten somit Lesern Zugang auf bislang aufgrund von Sprachbarrieren nicht zugängliche Quellen und schaffen dadurch auch die Voraussetzung für neue Denkansätze.

目次

Inhalt

資　料　篇

Abbildungen

外交の開始（1869年）と当時のウィーン

Aufnahme diplomatischer Beziehungen 1869
und Wien damals

FRANZ JOSEF I
Kaiser von Österreich etc. etc.

01 オーストリア皇帝フランツ・ヨーゼフⅠ世
リトグラフ：ヨーゼフ・クリーフーバー
1864年

Franz Joseph I., Kaiser von Österreich
Lithographie von Joseph Kriehuber, 1864

02

03

04 オーストリア使節初来日の際の2隻の船
木版：アントン・ペルコの描画に基づく
1868年
—

随行者や贈り物をのせて1868年にトリエ
ストを出港
ほぼ1年後に日本に到着した

Die beiden Schiffe, mit denen die ersten
österreichischen Diplomaten mit allen Mit-
arbeitern und Gastgeschenken 1868 von
Triest nach Japan aufbrachen und nach fast
genau einem Jahr dort eintrafen
Xylographie nach einer Zeichnung von
Anton Perko, 1868

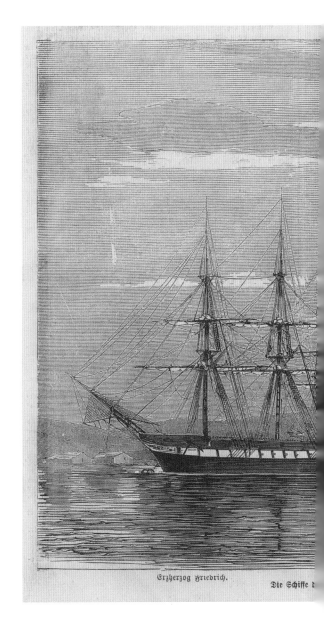

Erzherzog Friedrich.

Die Schiffe

n Expedition nach Japan. Nach einer Zeichnung von A. Perko.

Donau.

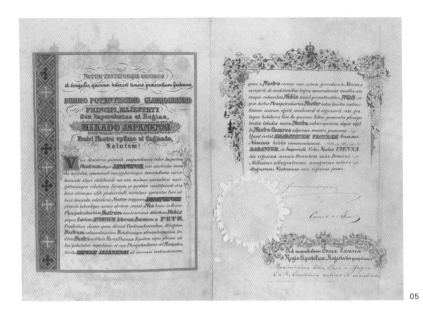

05

06

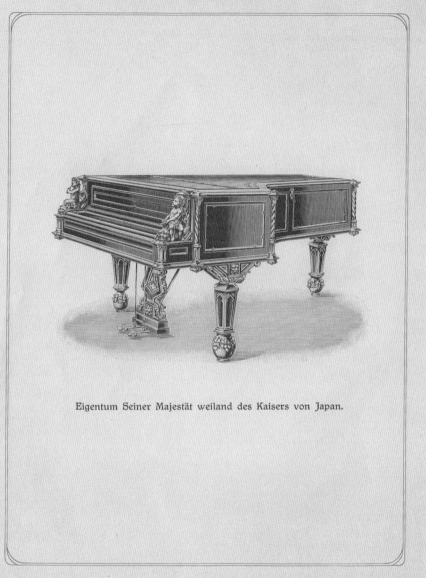

Eigentum Seiner Majestät weiland des Kaisers von Japan.

01.　外交の開始（1869 年）と当時のウィーン　Aufnahme diplomatischer Beziehungen 1869 und Wien damals　０１７

08 ウィーン鳥瞰図
木版：フリードリヒ・ヴィルヘルム・バーダー
1873年

Wien aus der Vogelschau
Xylographie von Friedrich Wilhelm Bader,
1873

01. 外交の開始（1869年）と当時のウィーン　Aufnahme diplomatischer Beziehungen 1869 und Wien damals

09 建設中のウィーン国立歌劇場
(当時の名称は帝立・王立宮廷歌劇場)
写真:撮影者不詳

Die Wiener Staatsoper (damals: Kaiserlich-
Königliche Hofoper) während des Baues
Unbezeichnete Fotografie

10 歌劇場の内部
木版(手彩色):
ハインリヒ・ブルーノ・シュトラースベルガー
1869年
—
1869年5月25日にモーツァルト『ドン・ジ
ョヴァンニ』で新たに開場された

Innenansicht des am 25. Mai 1869 mit
Mozarts „Don Giovanni" eröffneten neuen
Opernhauses
Kolorierte Xylographie von Heinrich Bruno
Strassberger, 1869

09

10

11　楽友協会の建物外観
　　写真：カール・ハーク
　　1875年頃

Musikvereinsgebäude, Außenansicht
Fotografie von Carl Haack, um 1875

12　楽友協会大ホールの内観
　　ガッシュ：ルートヴィヒ・ミヒャレク

Innenansicht des Großen Musikvereinssaals
Gouache von Ludwig Michalek

11

1870年頃のウィーンの音楽生活

Das Musikleben in Wien um 1870

13 家庭の音楽：ヴァイオリンを奏でる息子と母
ガッシュ：ヨーゼフ・ユングヴィルト
1907年

Hausmusik:
Violinspiel des Sohnes mit der Mutter
Gouache von Josef Jungwirth, 1907

14 家庭の音楽：リートを歌う娘と母
油彩：ヨーゼフ・ケプフ
1900年頃

Hausmusik:
Liedgesang der Tochter mit der Mutter
Ölbild von Josef Köpf, um 1900

15 個人宅で演奏するヨアヒム四重奏団
銅版：レオポルト・レーヴェンシュタム
ラヨス・ブルックに基づく
1888年

Das Joachim Quartett spielt privat
Radierung von Leopold Lowenstamm nach
Lajos Bruck, 1888

14

15

16 ウィーンの宮廷舞踏会
写真網版：
ヴィルヘルム・ガウゼの描画に基づく
1886年

Hof-Ball in Wien
Autotypie nach einer Zeichnung von
Wilhelm Gause, 1886

02.　1870年頃のウィーンの音楽生活　Das Musikleben in Wien um 1870

17 楽友協会におけるシュトラウスのコンサート
(テーブル席の聴衆)
木版:ヴィルヘルム・ガウゼの描画に基づく
1896年

Strauss-Concert im Musikverein (mit dem
an Tischen sitzenden Publikum)
Xylographie nach einer Zeichnung von
Wilhelm Gause, 1896

18 宮廷舞踏会の制服で演奏する
ヨハン・シュトラウスⅡ世と楽団
木版多色刷:テオドール・ツァッシェに基づく

Johann Strauss Sohn mit seiner Kapelle in
der Dienstkleidung der Hofballmusik
Farbxylographie nach Theodor Zasche

17

Th. Zasche. Johann Strauß' Kapelle beim Hofball.

18

19　ヨハン・シュトラウスⅡ世
　　ワルツ『もろびと手を取り』作品443
　　ウィーン国際音楽演劇展のために作曲
　　ヨハネス・ブラームスに献呈
　　初版（ピアノ版）
　　ベルリン 1892年
　　　―
　　ヨハネス・ブラームスの遺品に含まれてい
　　たもので、「あなたを崇めるヨハン・シュトラ
　　ウスより、1893年12月24日」という自筆
　　の献呈辞が記されている

Johann Strauss Sohn
Seid umschlungen Millionen, Walzer, op. 443
Komponiert für die Internationale Ausstel-
lung für Musik und Theaterwesen in Wien
(1892), gewidmet Johannes Brahms
Erstausgabe (Klavier) Berlin 1892
Exemplar aus dem Nachlass von Johannes
Brahms mit eigenhändiger Widmung „von
seinem Verehrer Johann Strauss, Wien, 24.
Dezember 1893"

当時のウィーン音楽界におけるブラームスとブルックナー

Brahms und Bruckner in der Musikszene ihrer Zeit

20 ヨハネス・ブラームス
中年期のポートレート
パステル画：ルートヴィヒ・ミヒャレク

Johannes Brahms
Porträt in mittlerem Alter
Pastell von Ludwig Michalek

21, 22, 23

ウィーン楽友協会近くのブラームスの住居
外観(21)と内部(22, 23)
写真：マリア・フェリンガー
—
ピアノのある作業部屋
書き物机のある図書室が見える

21   Wohnhaus von Johannes Brahms in der
Nähe des Musikvereins, Außenansicht

22, 23

Wohnung von Johannes Brahms, 2 Innen-
ansichten:
Arbeitszimmer mit Klavier und Blick in die
Bibliothek mit Schreibpult
Fotografien von Maria Fellinger

21

03.　当時のウィーン音楽界におけるブラームスとブルックナー　Brahms und Bruckner in der Musikszene ihrer Zeit　　037

23

24　1893年12月21日 ウィーンの
　　ベーゼンドルファー・ザールにおける
　　歌曲の夕べ
　　コロタイプ：作者不詳
　　—
　　宮廷歌手アリス・バルビがブラームスの伴奏
　　で歌う

Liederabend im Bösendorfer-Saal, Wien,
21. Dezember 1893
Kammersängerin Alice Barbi, am Klavier
begleitet von Johannes Brahms
Unbezeichneter Lichtdruck

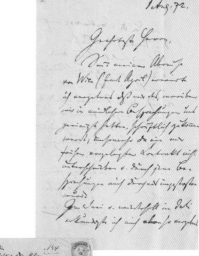

25

26

27 アントン・ブルックナー
油彩、キャンバス：作者不詳

28 アントン・ブルックナー 交響曲第8番 ハ短調
自筆スコア
—
第3楽章、第2稿へ改訂するための多くの
修正が見られる

Anton Bruckner
Unbekannter Maler, Öl auf Leinwand

Anton Bruckner
Achte Symphonie in c-Moll
Partitur, Autograph
Seite aus dem 3. Satz mit zahlreichen Kor-
rekturen für die Umarbeitung zur 2. Fassung

27

28

Achte Symphonie (C-moll) für grosses Orchester von Anton Bruckner — title page

29　ブルックナー　交響曲第8番　ハ短調
スコア 初版
ウィーン 1892年
—
ブラームスの遺品に含まれていた楽譜(表
紙に遺品の印がある)

Anton Bruckner
Achte Symphonie in c-Moll
Partitur, Erstausgabe, Wien 1892
Exemplar aus dem Nachlass von Johannes
Brahms
Titelblatt (mit Nachlassstempel)

30　ブルックナーから宮廷指揮者
フェリックス・ワインガルトナーへの自筆書簡
ウィーン 1891年1月27日
—
この曲をマンハイムで演奏しようとしていた
ワインガルトナーに、作品が表している内容
について示唆している

Anton Bruckner
Brief an den Hofkapellmeister Felix
Weingartner, Wien, 27. Januar 1891, der
die Achte Symphonie in Mannheim zur
Aufführung bringen wollte, mit Hinweisen
zum programmatischen Inhalt des Werkes
Autograph

30

31 ブルックナーからミュンヘンの宮廷楽団
指揮者ヘルマン・レーヴィへの自筆書簡
ウィーン 1887年9月19日
—
ブルックナーは交響曲第8番を指揮しても
らいたいと願い、レーヴィにスコアを送った

Anton Bruckner
Brief an den Münchener Hofkapellmeister Hermann Levi, Wien, 19. September
1887, dem er die Partitur der Achten
Symphonie mit der Bitte um Aufführung
übersendet
Autograph

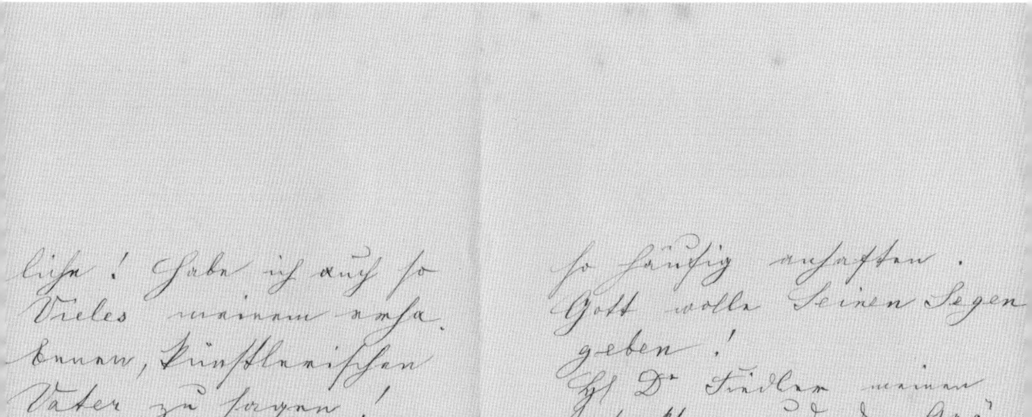

liche! Habe ich auch so
Vieles meinem verehr-
ten, künstlerischen
Vater zu sagen!
Möge Hochdesselben
Gesundheit recht gekräf-
tigt sein, dann wer-
den die Tage der Pro-
ben und der Aufführung
wohl keine Leidenstage
werden, wie sie mir

so häufig aufstoßen.
Gott wolle Seinen Segen
geben!
Hr. Dr. Fiedler meinen
Respekt; und der Gnä-
digen, wenn Hochselbe
wird in München wieder
eingetroffen sein, meine
Handküsse!
Am 29. d. wird im neuen
Linzerdome das Te Deum
aufgeführt. (Freilich nicht
entfernt so, wie in München.
Voll Dank u. mit tiefstem Respekte
Euer Hochwohlgeboren
dankschuldigst er-
gebener
Anton Bruckner
Wien, 19. Sept.
1887.

04.

1887年以降の音楽と文化の交流

Musik- und Kulturaustausch seit 1887

execution. went to Stein.

April 5th. Tuesday went to the Musikverein where the director made kind attentions in teaching. They teach singing with dancing, opera, drama etc. forming a conservatoire. The students are generally of some literary knowledge, men unapparia in science. 聲明之年。入學年齡凡ヲ数人十六七年。達堂兩有之大小。有個、樂堂 アリ大、古正面ニ汽琴、大形ヲ付ケ侍子舍一後面ニアリ左右ニ揺欹アリ批器ハ本桁ノ結屋ニ化ニ聾カラス－

Han wessely, is a graduate of the school. Director is called Sederbergen, & a court musician.

There are 70 court musician here. went to Pichler & Co. Bothe seller & (price) some music books. Dined with Clein & son at Saeher Restaurant near Opera.

30 This night Thersa. ▮▮ Bohemian.

32

34 戸田氏共（とだ・うじたか）
写真
1890年頃

Graf Ujitaka Toda
Unbezeichnete Fotografie, um 1890

35 在オーストリア日本公使
戸田氏共の名刺

Visitenkarte des Kaiserlich Japanischen Gesandten, Graf Ujitaka Toda

36 ハインリヒ・フォン・ボックレット編
『日本の民族音楽』
ウィーン 1888年
—
手書きのオリジナルに基づいて和声付けさ
れた歌と器楽曲のピアノ演奏用編曲

Heinrich von Bocklet
Japanische Volksmusik. Gesänge und In-
strumentalstücke nach handschriftlichen
Originalen harmonisirt und zum Clavier-
vortrag bearbeitet
Wien 1888

37 ハインリヒ・フォン・ボックレット編
『日本の民族音楽』
ウィーン 1888年
ヨハネス・ブラームスの所蔵本

Heinrich von Bocklet
Japanische Volksmusik.
Wien 1888
Exemplar aus dem Besitz von Johannes
Brahms

34

35

36

Rokudan.

38　守屋多々志
「ウィーンに六段の調べ
（ブラームスと戸田伯爵極子夫人）」
四曲一隻屏風
1992年

Moriya Tadashi
Melodie ROKUDAN in Wien
(Brahms und Gräfin Kiwako Toda)
Yonkyoku byōbu [Wände aus vier Panee-
len], 1992

39 ヨーゼフ・ヘルメスベルガー II 世
　　写真：チャールズ・スコリック
　　ウィーン

　　Josef Hellmesberger Jun.
　　Fotografie Charles Scolik, Wien

40 ルドルフ・ディットリヒ
　　ヴェンツェル・ヴァイスの写真に基づく写真凹版
　　ベルリン 1905年頃

　　Rudolf Dittrich, Brustbild
　　Heliogravüre nach einer Fotografie von Wen-
　　zel Weis,
　　Berlin um 1905

41 外務大臣大隈重信に戸田氏共が送った
　　ディットリヒの推薦状
　　1888年9月18日

　　Dittrichs Empfehlungsschreiben von Ujitaka
　　Toda an Shigenobu Okuma, Außenminister
　　Wien, 18. September 1888

42 ディットリヒのピアノの関税免除願い
　　1889年1月4日

　　Antrag auf Tarifbefreiung des Klaviers Ditt-
　　richs von Tokyo Music School an Yokohama
　　Zolldirektor
　　[Tokyo,] 4. Januar 1889

43 ウィーン楽友協会音楽院の在籍簿
　　ルドルフ・ディットリヒ
　　1878–1882年

　　Matrikel des Konservatoriums der Gesell-
　　schaft der Musikfreunde in Wien für Rudolf
　　Dittrich, 1878–1882

44 戸田とディットリヒが交わした契約書
　　1888年9月13日

　　Arbeitsvertrag zwischen Ujitaka Toda und
　　Rudolf Dittrich
　　Wien, 13. September 1888

39

40

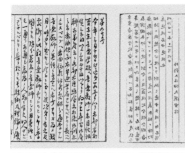

41

42

43

44

Nippon Gakufu.
Sechs Six
Japanische Volkslieder Japanese Popular Songs
gesammelt und für das collected and arranged
Klavier bearbeitet for the Pianoforte
von by
RUDOLF DITTRICH.

Pr. M. 3.—n.

日本樂譜

Kunst-Druckerei C. Hasegawa, Tokyo.
Eigenthum der Verleger für alle Länder.
LEIPZIG, BRÜSSEL. BREITKOPF & HÄRTEL, LONDON, NEW YORK.
Sole Agent for Japan, China & Hongkong: J. G. DOERING, Yokohama.

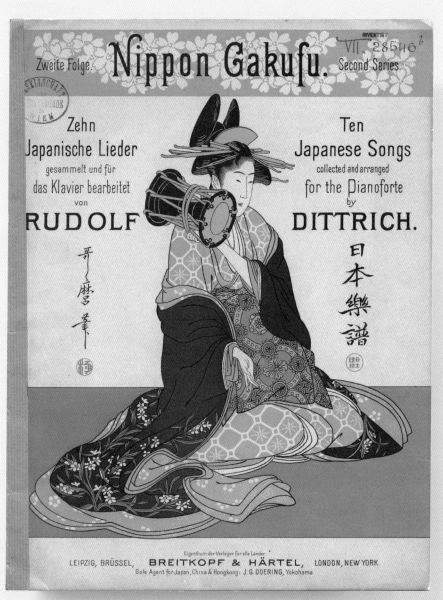

45 ルドルフ・ディットリヒ
『日本楽譜 六つの日本民謡』
1894年
—
ピアノ伴奏による日本民謡の出版

Rudolf Dittrich
Nippon Gakufu. Sechs japanische Volkslie-
der, 1894
Publikationen japanischer Volksmusik in
Klavierbearbeitungen

46 ルドルフ・ディットリヒ
『日本楽譜 第2集 十の日本民謡』
1895年

Rudolf Dittrich
Nippon Gakufu. Zweite Folge. Zehn japanische Volkslieder, 1895

47 ルドルフ・ディットリヒ
『落梅 散りゆく梅の花
琴伴奏による日本歌曲』
1894年

Rudolf Dittrich
Rakubai. Fallende Pflaumenblüthen. Japanisches Lied mit Koto, 1894

48

48 幸田延
『ヴァイオリン・ソナタ』変ホ長調 自筆譜

Nobu Koda
Violinsonate Es-Dur
Autograph

49 幸田延
ウィーン楽友協会音楽院への出願書類
1891年9月5日付

Nobu Koda, Aufnahmegesuch für das Konservatorium der Gesellschaft der Musikfreunde in Wien, 5. September 1891

50 ウィーン楽友協会音楽院の在籍簿
幸田延
1891–1895年

Matrikel des Konservatoriums der Gesellschaft der Musikfreunde in Wien für Nobu Koda, 1891–1895

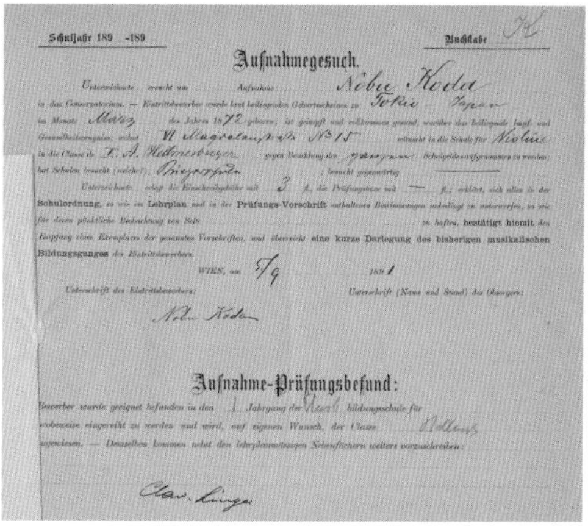

Schuljahr 189 -189 Buchstabe K

Aufnahmegesuch.

Unterzeichnete ersucht um Aufnahme Nobu Koda
in das Conservatorium. — Eintrittsbewerber wurde laut beiliegenden Geburtsscheines zu Tokio Japan
im Monate März des Jahres 1872 geboren; ist geimpft und vollkommen gesund, worüber das beiliegende Impf- und Gesundheitszeugniss; wohnt VI Magdalenenstraße No 15 ersucht in die Schule für Violine
in die Classe de[s] I. A. Hellmesberger gegen Bezahlung des ganzen Schulgeldes aufgenommen zu werden;
hat Schulen besucht (welche?) Bürgerschule ; besucht gegenwärtig
Unterzeichnete erlegt die Einschreibgebühr mit 3 fl., die Prüfungstaxe mit — fl.; erklärt, sich allen in der **Schulordnung**, so wie im **Lehrplan** und in der **Prüfungs-Vorschrift** enthaltenen Bestimmungen unbedingt zu unterwerfen, so wie für deren pünktliche Beobachtung von Seite zu haften, **bestätigt hiemit** den Empfang eines Exemplares der genannten Vorschriften, und überreicht **eine kurze Darlegung des bisherigen musikalischen Bildungsganges** des Eintrittsbewerbers.

WIEN, am 5/9 1891

Unterschrift des Eintrittsbewerbers: Nobu Koda
Unterschrift (Name und Stand) des Obsorgers:

Aufnahme-Prüfungsbefund:

Bewerber wurde geeignet befunden in den 1 Jahrgang der [illegible] bildungsschule für probeweise eingereiht zu werden und wird, auf eigenen Wunsch, der Classe Hellmesberger zugewiesen. — Denselben kommen nebst den lehrplanmässigen Nebenfächern weiters vorzuschreiben:

Clav. Lunga

49

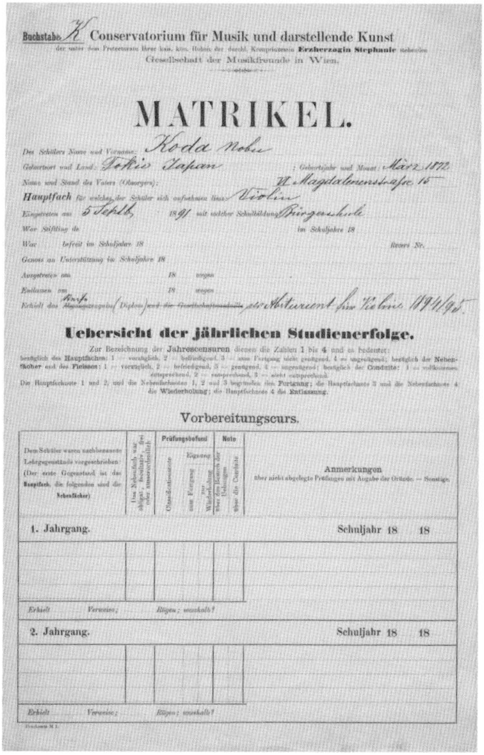

Buchstabe K Conservatorium für Musik und darstellende Kunst
der unter dem Protectorate Ihrer kais. kön. Hoheit der durchl. Kronprinzessin **Erzherzogin Stephanie** stehenden
Gesellschaft der Musikfreunde in Wien.

MATRIKEL.

Des Schülers Name und Vorname: Koda Nobu
Geburtsort und Land: Tokio Japan ; Geburtsjahr und Monat: März 1872
Name und Stand des Vaters (Obsorgers): VI Magdalenenstraße 15
Hauptfach für welches der Schüler sich aufnehmen liess: Violin
Eingetreten am 5 Septb. 1891 mit welcher Schulbildung Bürgerschule
War Stiftling de im Schuljahre 18
War befreit im Schuljahre 18 Revers Nr.
Genoss an Unterstützung im Schuljahre 18
Ausgetreten am 18 wegen
Entlassen am 18 wegen
Erhielt das ~~Abgangszeugnis~~ Reife (Diplom) ~~und die Gesellschaftsmedaille~~ als Abiturient für Violine 1894/95.

Uebersicht der jährlichen Studienerfolge.

Zur Bezeichnung der **Jahrescensuren** dienen die Zahlen **1** bis **4** und es bedeutet:
bezüglich des **Hauptfaches**: 1 = vorzüglich, 2 = befriedigend, 3 = zum Fortgang nicht genügend, 4 = ungenügend; bezüglich der **Nebenfächer** und des **Fleisses**: 1 = vorzüglich, 2 = befriedigend, 3 = genügend, 4 = ungenügend; bezüglich der **Conduite**: 1 = vollkommen entsprechend, 2 = entsprechend, 3 = nicht entsprechend.
Die Hauptfachnote 1 und 2, und die Nebenfachnoten 1, 2 und 3 begründen den **Fortgang**; die Hauptfachnote 3 und die Nebenfachnote 4 die **Wiederholung**; die Hauptfachnote 4 die **Entlassung**.

Vorbereitungscurs.

Dem Schüler waren nachbenannte Lehrgegenstände vorgeschrieben: (Der erste Gegenstand ist das **Hauptfach**, die folgenden sind die **Nebenfächer**)	Das Nebenfach war obligat, facultativ, frei oder ausserordentlich	Prüfungsbefund: Classificationsnote	Prüfungsbefund: Eignung zum Fortgang	Prüfungsbefund: Eignung zur Wiederholung	Note über den Besuch der Uebungen	Note über die Conduite	Anmerkungen über nicht abgelegte Prüfungen mit Angabe der Gründe. — Sonstige.
1. Jahrgang.							Schuljahr 18 18
Erhielt Verweise; Rügen; weshalb?							
2. Jahrgang.							Schuljahr 18 18
Erhielt Verweise; Rügen; weshalb?							

50

51 幸田延
　　ウィーン楽友協会音楽院への嘆願書
　　1892年11月16日付

　　Nobu Koda, Schreiben an die Direktion des
　　Konservatoriums der Gesellschaft der Mu-
　　sikfreunde in Wien, 16. November 1892

52 ヨーゼフ・ヘルメスベルガー II 世による
　　ヴィルヘルム・ドブラウチッチの推薦状
　　1901年1月29日

　　Dubravčichs Empfehlungsschreiben von
　　Josef Hellmesberger II.
　　Wien, 29. Januar 1901

53 ウィーン楽友協会音楽院の在籍簿、
　　ヴィルヘルム・ドブラウチッチ
　　1881–1887年

　　Matrikel des Konservatoriums der
　　Gesellschaft der Musikfreunde in Wien
　　für Wilhelm Dubravčich, 1881–1887

54 ドブラウチッチが戸田氏共と交わした
　　契約書
　　1909年4月26日

　　Arbeitsvertrag zwischen Ujitaka Toda
　　und Wilhelm Dubravčich,
　　Tokyo, 26. April 1909

55 ドブラウチッチ指揮による昭和天皇
　　結婚祝宴プログラム
　　1924年5月31日

　　Aufführungsprogramm beim Hochzeitfest
　　des Kaisers Hirohito, dirigiert von
　　Dubravčich,
　　Tokyo, 31. Mai 1924

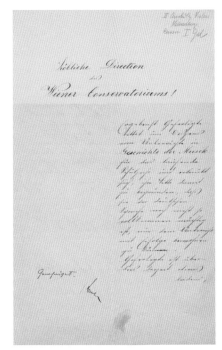

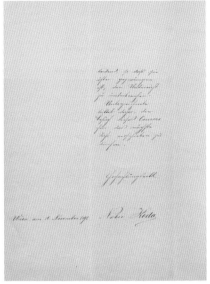

51

53

52

54

Programme

1. Wedding March .... *Mendelssohn*
   結 婚 行 進 曲   曲 メンデルソン作
2. Fest Overture .... *S. H. Shiba*
   祝 典 序 樂   日本 芝 葛 彦曲
3. Sinfonia dell 'Opera "La Forza del Destino"
   歌劇「運命ノ力」序樂
   .... *Verdi*
   伊太利・ヴェルディ作
4. a) Romance .... *Sibelius*
   ロ マ ン ス   芬蘭・シベリウ作
   b) Mélodie .... *Rachmaninoff*
   メ ロ デ イ ー   露西亜・ラハマニノフ作
5. Fantasía dell 'Opera "I gioielli della Madonna"
   歌劇「聖像ノ寶玉」
   .... *Wolf-Ferrari*
   伊太利・ウォルフ・フェラリー作
6. Silhouettes .... *Hadley*
   影 絵 集   米國・ハードレー作

     1. Spanish   2. French
       西班牙風   佛蘭西風
       3. Italian   4. American
        伊太利風   亜米利加風
         5. Egyptian   6. Irish
          埃 及 風   愛蘭風

7. Scènes Pittoresques .... *Massenet*
   風 景   佛蘭西・マスネー作

       3. Angelus   4. Fête Bohème
        晩 鐘   ボヘミア人祭
8. Pomp and Circumstance, March .... *Elgar*
   威 ヲ ヤ タ ル 軍 隊 行 進 曲   英國・エルガー作

Orchestra of the Imperial Household
室 内 省 樂 部 管 絃 樂

Conductor Prof. G. Dubravcich
指揮者 グリエルキ・ヅブラウィチ

The 31st May 1924
大正十三年五月三十一日

55

論 考 篇

———

Aufsätze

日本の皇城における初めてのピアノコンサート

オットー・ビーバ　　　アメリカのマシュー・カルブレイス・ペリー提督は、1853年から
1854年にかけて東インド艦隊を率い、日本の開国と日米和親条
約の締結という目的を果たした。その後彼は、ヨーロッパを経由し
て帰国する途中、当時オーストリア領であったトリエスト（現在はイタリ
アのトリエステ）の港に停泊し、そこでオーストリア皇帝フランツ・ヨー
ゼフの弟である海軍総司令官フェルディナント・マクシミリアン公爵
と会見した。この事実から、オーストリアの使節団が日本を訪れる
のに先立ち、日本との間にどのような外交的・政治的・経済的関
係を結べるかについて前もって直接的な情報を得ていたことがわ
かる。ロシアやイギリス、フランス、オランダとは異なり、オーストリ
アはアメリカに続いてすぐに国交関係を求めることはせず、しばらく
機会を待っていた。さまざまな段階を経て、皇帝フランツ・ヨーゼ
フ[11ページ、図1]は1866年3月21日の議決をもって、外交関係の
構築を目指して日本に使者を送ることを命じた。ところが、その直
後に第三次イタリア独立戦争が勃発してイタリアおよびプロイセンと
対立したため、この計画の遂行は妨げられた。その次の年も、政
治的な理由により使者の派遣は不可能となった。1868年になって
初めて準備が整い、フリゲート艦「ドナウ」とコルベット艦「フリードリ
ヒ大公」[14ページ、図4]が10月18日にトリエスト港を出発し、アフリ
カ南端を回ってシャム（タイ王国の旧名）と中国を目指し、そこで同様
の契約を締結したのちに日本に到着した。派遣団は政治的目的
のみならず、経済的かつ学問的な目的ももっていた。学問的な目
的があったからこそ、この派遣団は外国使節の旅行よりも重大な
企てとして捉えられ、「遠征隊」と名付けられたのである。
　　そもそも遠征を計画したオーストリア帝国が、あるいは1866年に
いわゆる和協（アウスグライヒ）によって成立したオーストリア＝ハンガリー二重帝国
（ハンガリー側には遠征を率先して進める考えはなく、1869年の段階でも遠征
隊のメンバーからハンガリー人を減らそうとしていた）が遠征のタイミングを

待っていたことは賢明であり、度重なる延期も少なくとも不利には
ならなかった。当時の日本はまだ徳川幕府の統治下で、1866年
5月になるまで日本人が外国に旅行することは禁じられていた。将
軍徳川慶喜からの大政奉還を受けて1868年1月に王政復古の大
号令が発せられ、京都に替わる新しい首都として、江戸は東京と
呼ばれるようになった。1867年に皇位を継承した睦仁天皇[13ペー
ジ、図3]は、1869年4月、17歳で東京に移り、以後東京に居を定
めた。天皇が自ら選んだ易経の言葉に従い、その統治時代は明
治時代と呼ばれた。これは、日本の開国が政治、経済、文化的
国際性の点で「明るい方向に治まる」ことを意味している。1869年
には、それまで居留地にのみ立ち入りを許されていた外国人にも、
東京に居住し商売することが許された。オーストリアの（本稿では簡
潔にするために、必要な箇所以外はオーストリア＝ハンガリーを略してこう記す
こととする）遠征隊が1869年10月6日に東京の港に碇を下ろした時、
それはまさに新しい国際的関係の構築への転換に向けて日本国
内の意識と需要が高まっていた時機だったのである。

　10日間の準備期間を経て、10月18日には、日本とオーストリア
帝国（ハンガリー王国を含む）の間に初めての条約、すなわち日澳修
好通商航海条約が締結された。交渉自体とその通訳・翻訳と文
書作成にはそれほどの時間はかからず、10月20日にはその最終
段階としてオーストリアの使節が天皇に拝謁した。使節が持参した
贈り物は、すでに事前に皇城内の広間――使節たちの通される
広間の近く――に外交官補オイゲン・フォン・ランゾネ男爵によっ
て並べられていた。その中には、1867年にパリの万国博覧会で展
示されていた、ルートヴィヒ・ベーゼンドルファー製作のグランドピ
アノ[17ページ、図7]があった。これはベーゼンドルファーにとって最
高の作品であるため誰にも売られなかったのであるが、ここで皇
后陛下への贈り物として選ばれ、天皇陛下にはそれとは別に（大き
さとしてはより小さい）数々の贈り物が準備された。

　ランゾネ男爵は天皇陛下への謁見について、次のような記録を
残している。

宿泊場所と皇城の間に道のりがあったため、我々使節団の一行は約束の時間よりずっと早くに行動を開始した。わが軍楽隊と海軍歩兵隊が先を行き、その後に［海軍］少将［アントン・フォン・ペッツ男爵］、二つの戦艦の船長である［アントン・］フォン・ヴィップリンガーと［マクシミリアン・］フォン・ピットナー、総領事の［ハインリヒ・フォン・］カリーチェ、公使館書記官の［ガブリエル・フォン・］ヘルベルト［＝ラートケアル］男爵と私の二人の同僚、すなわち外交官補の［コンスタンティン・フォン・］トラウテンベルク男爵と［ゲツァ・］フォン・ベルナート、および領事館勤務の［ラースロー・］ヘンゲルミュラー・フォン・ヘンゲルヴァールが続いた。最後に挙げた二人はハンガリーの官服を身に着け、全員が馬に乗っていた。私自身はまだ「おしろ」［皇城］でやることが残っていたので、そこで使節団を待っていた。皇城の入口はかなり重厚な造りで、大阪城と同様に、水をたたえた濠にかけられた橋を渡ると、大きな二重の門があり、次に第二の門と第二の橋を通り、最後に横壁を張り巡らせた第三の門がある。このようにして天皇の住まいは外からは見えないようになっている。門は単純な四角形の分厚い木材でできており、鉄の金具が打たれ、つやの無い黒に塗られていて暗い印象を与える。橋を渡って入城する際には、いつもはお濠で静かに暮らしている鵜の群れが驚いて飛び立った。

　最も内側の門が、紫地に白く天皇家の御紋を浮き上がらせた幕で飾られているのに対して、宮殿の入口と内部には白黒の横縞の布が掛けられている。宮殿に入ってすぐの所が玄関ホールであり、その向かい側に簡単な待合室と応接室があり、我々はまずそこに通された。ここでは、色とりどりの四角い模様のテーブルクロスが掛けられた大きな机に向かって座るように勧められ、お茶とカステラと、天皇家の紋章である菊花型の色とりどりの落雁でもてなされた。また金属の火皿が付いた竹製の長い煙管も提供された。青みがかった天皇家のお茶は奇妙な味がして、お茶というよりもまずい肉のブイヨンのようである。この机の上にも、種火の壺と痰壺を入れた、お定ま

りのセットの箱が置いてある。

　しばらくすると若い総理大臣［三条実美右大臣］が現れ、我々は厳粛に順に紹介された。その間に、謁見の間の向かい側にある音楽堂［鳳輦所］ではわけのわからない間延びした祝祭の音楽が鳴り響き、間もなく我々は大臣に案内されて、玉座につかれた日の御子の前に立った。左右には帝国の高官たちが二列になって立っている。第一列は黒の、第二列は朱色の幅広の縫子の祭服で、皆古来からの伝統である黒い冠を着け、後ろに黒く長い垂纓が揺れている。すでに知り合った宮廷通訳官の子安も、小さな漆塗りの帽子を着けていた。これは、芸術的な方法で白い紐により固定されていなければ、すぐに落ちてしまっていただろう。

　天皇陛下はゆったりした紫の衣に赤いズボンを身に着けて、金の飾りをあしらった黒い玉座に座られており、御帳台の後ろの暗がりには近衛兵が立っているのが見えた。驚いたことに、数日前には巻き上げられていた御簾が下ろされているため、陛下の頭はほとんど見えない。未知の西洋の野蛮な国民——オーストリア＝ハンガリー二重帝国の国民——を見たいと思われたのであろう。若き支配者は、われわれのお辞儀に応えて玉座から立ち上る前に、少し身をかがめられた。そうでなければ我々は、彼の——言うならば美しくはない——顔だちを知ることもなかったであろう。明らかに保守的な宮廷の人々は、本来の取り決めとは言え、聖なる日の御子をむやみにヨーロッパ人の目に晒すことはできないと考えたのであろう。御簾は少し下げられた。もちろん使節団の中では私の他には誰も、日本の廷臣たちのそうした策略に気づく者はいなかったし、廷臣たちも私がそれを見抜いたことに気づかなかった。

　提督の口上に対して天皇が短く答えられ、大臣に信任状が手渡されて儀式は終了した。

　これが外交官補としての公式的な報告である。ランゾネ男爵は1912年に「旅先からの書簡」という形で個人的な回想を出版し、その本の中で再び天皇への拝謁について触れ、さらに音楽につい

て非常に個人的な見解を加えた。「厳粛な謁見はそれほど時間が
かからなかった。提督のドイツ語による口上に対して天皇が日本
語で答えたのち、我々は日本の宮廷音楽の間延びした恐ろしい不
協和音が響く中、城門へと下がった。そこでは我々の海軍軍楽隊
の奏する国歌［ヨーゼフ・ハイドン作曲のいわゆる皇帝賛歌］が気
持ちよく我々を迎えてくれた」。ランゾネ男爵にとって、日本の宮廷
音楽［雅楽］が気味悪い不協和音に感じられたことは、公式文書
の中では述べられていない。しかし、この意見は決して適当に書
かれたのではなく、むしろ経験ある音楽家の所見であり、その彼
が日本の伝統音楽にまったく困惑し途方に暮れたということは明
確に把握しておかねばならない。オイゲン・フォン・ランゾネ゠ヴィ
レ男爵は18世紀にブルターニュからウィーンに移住した家族の末
裔であり、1838年にウィーン近郊のヒーツィングで生まれ、1926年
に上部オーストリアのアッター湖畔ヌスドルフで亡くなった。そこに
は今も彼の別荘が残っている。彼は法学者、外交官、リトグラフ
作家、画家、芸術写真家、文学愛好家であり、教育を受けた音
楽家でもあった。だからこそ彼は、オーストリア゠ハンガリー二重
帝国の使節団の中で、ベーゼンドルファーのグランドピアノを御前
演奏する役目を引き受けたのである。

　御前演奏については、ウィーン『外国新聞』に掲載された1870
年1月5日の手紙（付録1、9ページ「日本の宮廷における謁見とピアノコンサ
ート。オイゲン・フォン・ランゾネ男爵の手紙より」）に詳しく書かれている。
この記事が掲載されたのは、1870年2月20日に予告されていたウ
ィーン帰着よりも明らかに前のことであった。1912年に出版された
『東アジア、シャム、中国と日本の旅行画集』の中に、彼はこの手
紙に少し編集を加えた記述を載せている。以下に1912年版の記
述を引用する。

　　　ミカドへの個人的な謁見について。これは言葉の狭い意味
　　での「謁見（聴き取り）」だった。我々はお互いを見ることなく、
　　天皇は私の演奏をただ聴かれたからである。
　　　天皇は美しいベーゼンドルファーの楽器──これは彼が初

めて見たピアノであり、宮廷の中で注目の的となった——を聴いてみたいと思われた。

この望みをかなえようにも、ミカドが外国人と個人的に会ってはならないというしきたりが障害となった。そして結局、私が宮廷の庭園内の茶屋でピアノを弾き、ミカドが襖の向こうで姿を見せずにそれを聴くという解決法が見つけられた。

この件について事前に外務大臣と相談したのち、提督に宛てて二人の大臣が署名した公式文書が出され、私は10月20日の午後1時に山里茶屋に参内するようにとの招待を受けた。

そこに到着すると、宮廷通訳官が私を迎え、少し離れた茶屋にうやうやしく案内された。

庭園の入口には、白い繻子の衣服をまとい、黒く高さのある漆塗りの帽子を頭にのせた外務大臣が私を待っていた。いつものことながら型どおりの挨拶をしたあと、天皇の細長い馬場を経由して茶屋に案内された。

建物は平屋で不規則な形をしており、障子で採光が保たれ畳敷きの小さな部屋がたくさんあった。しかし壁の代わりを果たしている襖を外せば、縁側のように広い空間に変えることができた。

この日のために、建物には紫と白の縞模様の布が掛けられていた。前にせり出した翼部は見事な絵が描かれた襖により二つに分けられ、片側が開放されている空間にピアノが置かれていた。

名前を知らない多くの重要人物たちが、宮廷服に身を包んで向こう側の縁側に並んでいた。ピアノが置かれた小さな部屋には、私自身と楽器以外には入る余地がなかったのである。

天皇陛下が建物に入ってこられる前に、私はピアノの調子を試し、日本人の趣味を測り知るために何曲か弾いてみた。半音階は、そこにいた人々に何よりも大きな驚きを与えたようであった。それは私にとって、コンサートの曲目を決めるのに大きなヒントとなった。

ピアノは1年かけて輸送され、2回も線［アフリカ経由なので赤道を指す！］を越え、台風にも1度遭ったのであるが、それ

にもかかわらず調律はまだ完璧であった。

　その後、少しの間その場を離れていた外務大臣がやってきて、天皇陛下がすでに着座されているのでコンサートを始めるようにと促した。通訳と大臣が私の近くで絨毯の上に座った。これは楽器の響きを良くするために、私が畳の代わりに敷かせたものである。そこで私は弾き始めた。

　一連の出来事は厳粛で、また同時に大変珍しいことでもあったので、私は最初、一種のとまどいを感じていた。だが指の下に鍵盤を感じ、すばらしい楽器がほんの少しの圧力にも反応して鳴り響くのを聴いて、私の中に確信の念が沸き起こり、ただ襖の向こう側で私の音に耳を澄ませている若き支配者のことだけを考えた。燃えるようなまなざしで私を見つめる誇り高き日本のお偉方たちを気にするよりも、その方が集中できたのである。

　私は最初にクーエの『ゴンドラ』とシュトラウスの有名な『アンネン・ポルカ』を弾いた。この2曲が終わると、外務大臣が天皇陛下のご意向を伺いにいき、戻ってきてさらに演奏を続けるようにと命じた。そこで私はメンデルスゾーンの『ヴェネツィアの舟唄』と、それとは対照的なシュトラウスのワルツ『学位授与式』を披露した。陛下のさらなるご要望に応じて、最後にピルケルト［ピルクヘルト］の『左手のための練習曲』とレシェティツキーの『マズルカ』を演奏した。こうして小さなコンサートは終了した。その後外務大臣は長い間席を外し、それから、漆塗りのお盆に紙に包まれた物ふたつを載せて持ってきた。通訳がこれを私に手渡し、同時に大臣閣下のお言葉を通訳した。その内容は、天皇陛下が私の演奏を大変お気に召され、その労に感謝の言葉を述べられた。ついては紙に包んだ贈り物を記念に持ち帰ってもらいたいとのことであった。大変親しみを込めて贈り物が手渡されたため、私は心を込めた表現でご挨拶を返した。通訳に尋ねた上で紙包みを開けて、貴重な金の蒔絵をほどこしたべっこうの煙草入れを目にしたとき、その思いは益々心からのものとなった。

　煙草入れは長さ8インチ、幅5インチで純日本的風であり、

装飾の配列はやや風変わりであるが素材はすばらしく、単純だが上品な品である。蓋には三つの小さな風景が描かれ、側面には花の模様がある。

　ミカドの贈り物をより魅力的にしたのは、それを差し出す控えめなやり方にもあった。第二の紙包みに入っていたのは、古い慣習に従って魚の干物だったからである。これは、貧しい漁師からの贈り物であることを暗示する象徴であった。日本人は元来漁師であったからだ。

　外務大臣に付き添われて私は茶屋を辞し、皇城に戻って、米粉と砂糖を原料としてさまざまに色づけし、花の形を真似て創られた砂糖菓子［落雁］を供された。軽食には、お茶と果物とスパークリングワインも付いていた。

　皇城を辞したのは2時半頃であった。私が使節団のもとに戻って1時間ほどすると、宮廷の召使いが天皇からの贈り物を木箱に入れ、先に述べた甘い菓子の山と共に届けてくれた。この国においては、このように贈り物を届けてもらうことは特別な栄誉を意味していた。

　ランゾネが演奏した楽曲は、大部分明確に照合することができる。

ヴィルヘルム・クーエ（1823-1912）

『無言歌集』より「ゴンドラ」　作品12-3

1870年1月5日にウィーン『外国新聞』に掲載されたランゾネの報告の中では、「私はクーエの『子守歌』で演奏を開始した」と記されていた。「子守歌」はおだやかで夢見るようなピアノ曲を表す言葉であり、「ゴンドラ」もそのような曲である。1912年に出版されたランゾネの本では、この報告の部分が編集され、一般的なキャラクターを表す「子守歌」から正確な作品の題名に修正されたと推測される。

ヨハン・シュトラウスII世（1825-99）

アンネン・ポルカ　作品117

ランゾネが「有名なアンネン・ポルカ」と言っているのは、すでに演奏されなくなっていたヨハン・シュトラウスI世のアンネン・ポルカ

作品137ではなく、おそらくヨハン・シュトラウスⅡ世のこの作品を
指しているのであろう。

フェリックス・メンデルスゾーン＝バルトルディ（1809-47）
声楽とピアノのための『ヴェネツィアの舟唄』　作品57-5
この曲はグスタフ・ランゲ（1830-89）によってピアノ独奏用に編曲さ
れ、ランゲによって「小さな広場」と題された。原曲の歌詞は「小さ
な広場を通り抜けると」で始まる。

ヨハン・シュトラウスⅡ世
ワルツ『学位授与式』　作品221

エドゥアルト・ピルクヘルト（1817-81）
『サロン用12の練習曲』　作品10より
「左手だけのための主題」変ニ長調

テオドール・レシェティツキ（1830-1915）
マズルカ
これはほぼ確実に『ピアノのためのふたつのマズルカ』作品24の中
の1曲であり、マズルカ形式による以下の性格的小品のいずれでも
ないと考えられる。マズルカ『セント・ペテルブルクのお土産』作品
15、マズルカ夢想曲『昨日の舞踏会』作品35-1、マズルカ即興曲
作品38-2、『マズルカ風のメロディー』作品40-4。

　ランゾネの報告は詳細なものではあるが、それでもいくつか音
楽的な問題が浮かび上がる。
　ランゾネは御前演奏を明らかに暗譜で演奏したと思われる。演
奏用に持参した楽譜についての言及がなく、演奏前にピアノを試し
弾きして、そこにいた人々が音楽にどのような反応を示すかを観察
してから初めて曲目を決めたと述べているからである。どの曲目も
技術的要求が高いため、彼はピアノにかなり習熟していたに違い
ない。しかし、1926年8月11日のウィーンの新聞『ドイツ帝国新聞』
にイグナツ・G・ヴァレンティンが記したランゾネの追悼文には──

他の伝記的報告と同様——、彼のピアノの技量については詳しい記述がなく、「良い音楽に熱心に取り組んだ。例えば、日本の宮廷での謁見儀式ののち、ピアノの御前演奏をしてミカドから非常に熱心な拍手をもって受け入れられた」という情報が記されている。

　ランゾネが何か月もピアノを弾かず、何の用意もないままにこのプログラムを弾けたとは思えない。したがって「ドナウ」号の艦内にピアノがあり、自分の楽しみのために、あるいは使節団員たちを楽しませるために、いつも弾いていたのではないかと仮定せざるをえない。いわば公開の娯楽であった船内楽団の演奏とは別に、船内で個人的に音楽が楽しまれていたことは、使節団の日記の中にも多数記述されている。

　ランゾネがピアノの調律について記していることは、実際驚くべきことであり、ランゾネの報告にあるとおり「はんだ付けのブリキの箱に」ピアノが理想的に梱包されていたことに起因するとしか説明がつかない。調律は気候の変化や振動の影響を受けるため、この箱が、温度と湿度の変化や輸送中に生ずるあらゆる振動を最大限に防御するものとなった。1869年9月30日の10〜16時の間、兵庫から横浜に航行中に遭遇した台風については、使節団に所属していた商務省事務官オットカール・プフィステラーが記録を残しており、ピアノがどういう状況を乗り越えなければならなかったかがわかる。

　　　船は強い波のために40度も傾いた。（…）上述のように、1時から3時の間ハリケーンは最もひどい状態に達した。砕け落ちる波がデッキを洗い、我々はどうすることもできなかった。まったく絶望的な時間だった。（海が船室の上方にある天窓をふさいでいたため）あたりが完全に暗くなったので、なおさら、もう船が沈むような感覚であった。その瞬間私は、すべては終わった［死んだ］と思った。船が波を乗り越えるごとに、皆思わずほっとするということを繰り返した。（…）夕方の6時に嵐はかなり収まったが、海はまだかなり荒れていた。するとまた大波が始まった。舵はいいように振り回され、箱、椅子、ベンチ、壺、本など、固定されていないすべての物が散乱した。船が波の中であちこちに傾いた衝撃によって、すべてのものが粉々にな

り飛び散った。

　ランゾネは嵐の間「1日のほとんどを自分の船室で、しかもベッド
の上で過ごした。そこが水没しなかった唯一の場所だったからであ
る。船の側面にぶつかってきた強い波は、何度か砲門を通って私の
逃げ場を浸水させた」。この記述から、貨物室の状況も想像できる。
　ランゾネ男爵の音楽的素養からすると、調律がかなり狂ってい
たのに気づかなかったということはもちろんありえない。だとする
と、楽器の梱包はあらゆる事態を想定した理想的なものだったに
違いない。
　ピアノは皇后陛下への贈り物であった。皇后陛下はこの贈り物
を受けたのち、イギリス公使夫人にピアノを習っている。それが長く
続いたのか、それともその後、ピアノを教える女性が雇い入れられ
たのかどうかについては記録がない。
　また、このピアノがその後どのような運命をたどったのかについ
ても知られていない。今日では消失したものとされている。

　1869年に日本にやってきたオーストリアの遠征隊と使節団にとっ
て、皇城での御前演奏は、もともとの計画にはなかった出来事で
はあったが成功裡に終わり、音楽的な頂点となった。そのことは、
ウィーンに送られた公的な報告にも記された。『ウィーン新聞』に定
期的に掲載されている「使節の日記帳」には、1869年10月7日か
ら21日までの期間の記録として、12月31日に次のように記されて
いる。「天皇の要望により使節団事務官のランゾネ男爵が皇城に
召喚され、皇后陛下に献上したピアノ（ベーゼンドルファー氏の芸術的
作品）でいくつか音楽作品を演奏するようにと命じられた。すばらし
い楽器は人々の賞賛を呼び、天皇は彼の演奏がことのほかお気
に召したことを外務卿を通して伝えられた」。オイゲン・フォン・ラ
ンゾネ男爵の説明または回想記は明らかに好意的に伝えられ、皇
城におけるピアノコンサートは、当時のオーストリアの教養ある市民
階級の心に残るところとなった。ランゾネの死亡記事においてさえ、
この話題が語られた。ピアノは使節団が日本に与えた最も重要な
音楽的足跡であったが、しかしそれだけではなかった。

船には当時、外交儀礼を果たし威信を表すために固有の音楽隊が乗船していた。その規模は商船では小さく、客船では大きかった。後者では、船客を楽しませるために職業音楽家のアンサンブルが雇われた。この船の楽団は音楽的能力のある船員とそれ以外の乗組員によって構成された。船員を雇う際には、クルーの中に音楽の副業を務めることのできるメンバーが充分いるかどうかに注意が払われた。原則として、これらの船の楽団は多くの場合「音楽隊」と呼ばれ、軍楽隊と同様の吹奏楽編成であった。しかしここで取り上げている特別な旅では海軍の隊員も乗船していたため、この音楽隊が海軍軍楽隊であった可能性もあろう。

　音楽隊は、遠征隊の司令官である海軍少将アントン・ペッツ男爵が公的な働きで登場する際、すなわち高輪に用意された使節団の宿舎から謁見のために皇城に向かって進むときなど、外交使節団がその役割を果たす際に演奏した。ランゾネはその記録の中に、宿舎から皇城までの距離が遠かったことを明記している。ペッツが記した使節団日誌によれば、その距離は4英国マイル、すなわち6.5キロメートルであった。したがって、使節団が東京の町を行進するとき、町の人々はオーストリアの軍楽や行進曲を聴いたのである。外交儀礼上必要とされたすべての機会に、音楽隊はオーストリア国歌を演奏した。台風のために犠牲となった1名の乗組員を悼むために、10月3日にその遺体の葬儀と埋葬が横浜のフランス宣教師教会で行われた際にも、音楽隊は岸壁に横付けされた船から宣教師教会までの葬列に付き添い、葬送行進曲を演奏した。これは、日本の人々にとって大変珍しい音楽的な出来事であったに違いない。

　音楽隊はまた、娯楽の目的でも演奏した。その際には、一般の人々が演奏を聴くこととなった。それが喜ばれているか、成功しているかは問題ではなかった。商務省事務官オットカール・プフィステラーは9月18日の長崎での日記に、「我々の音楽を陸で」演奏したと記している。しかし、総じて聴きにくる人は少なく、女性は皆無であった。10月11日と27日には音楽隊は横浜のドイツ・クラブで

演奏したが、この時クラブ・メンバーの前で演奏したのか、クラブの建物の前で演奏したのかは明確でない。

　オーストリアの客人がディナーに招かれる時には、――申し合わせにより、あるいは客側の贈り物として――音楽隊を連れて行った。たとえば10月7日にはイギリス公使宅に、10月16日には政府主催の食事の席に随行した記録がある。プフィステラーの日記によれば、10月7日に音楽隊を同伴したことが明確に記されている。使節団で最も高位の官吏であるカール・フォン・シェルツァー書記官も、イギリス公使のハリー・スミス・パークスが「音楽隊が来たことを大変喜んだ」と日記に記している。シェルツァーの日記によれば、政府のディナーは「完全にヨーロッパのスタイルで給仕された」「音楽隊も招待を受け、［先に］食べ終わると食事のための音楽を演奏した」。また、オーストリア使節団が誰かを食事に招く際にも、音楽隊が登場した。たとえば10月8日に東京で行われた海軍少将アントン・フォン・ペッツ男爵の最初のディナー、そして日本政府から日墺修好通商航海条約に関して全権を委任されていた澤宣嘉と寺島宗則の二人、および外交交渉を手助けしたイギリス公使ハリー・スミス・パークスを招いて行われた10月11日の食事がそれに当たる。二人の日本の客人は「音楽が特にお気に召した」ように見えたと、プフィステラーは日記に書いている。音楽隊が食事の際にも軍楽の編成で演奏したのか、それとも弦楽合奏、あるいは管弦楽の編成で演奏したのかは即断できない。このような務めを果た

していた音楽家たちは、当時弦楽器も管楽器も演奏できるのが当たり前であった。

　最後に付け加えておくべきことは、オーストリア＝ハンガリー二重帝国の使節団が日本に持ってきた楽器は、唯一ピアノだけだったわけではないということである。他にも、芸術手工芸品や工業製品がもたらされた。それらは商業見本市に出され、締結されたばかりの修好通商条約の助けによりオーストリアと日本の商取引を活発化させるべきものであった。その中には次のような楽器が含まれていた。

さまざまな製作者による金管楽器
「エルツ山脈商工促進協会」提供
北西ボヘミアのグラースリッツとシェーンバッハ（現在はチェコのクラスリツェとルビー）は伝統的に金管楽器制作の中心地であった。ボヘミア王国は同君連合によりオーストリア帝国の支配下にあった。

ハーモニカ
ウィーンのヴィルヘルム・ティーとF. ジュース製　各1個
ヴィルヘルム・ティー父子は名高い工場をもっていた。当時のウィーンで、F. ジュースという名前のハーモニカ製作者は見当たらない。おそらくこれは卸売商の名前で製作者ではないと考えられる。アコーディオンとハーモニカはウィーンで特別な伝統を有している。それゆえに日本人にハーモニカを見せ推奨することは当然であった。

参考文献（抜粋、年代順）

アントン・フォン・ペッツ男爵
「東アジア遠征隊　1869年10月7日〜21日の江戸滞在中の使節日誌」
『ウィーン新聞』1869年12月31日、1153-1154ページ

オイゲン・フォン・ランゾネ男爵
「日本の皇城における天皇陛下謁見とピアノ演奏会」『外国新聞』、1870
年1月5日、9ページ
『東アジア、シャム、中国、日本からの旅の絵』グラーツ、1912年

イグナツ・G・ヴァレンティン
「古きオーストリア人［オイゲン・フォン・ランゾネ］」『ドイツ帝国新聞』、
1926年8月11日、1-2ページ

アントン・ロイター
『オイゲン・フォン・ランゾネ(1838-1926) 芸術家と学者の家族と生涯の
歴史』ヌスドルフ、2006年

オイゲン・フォン・ランゾネ
『富士山に魅せられて　1869年の日本旅行の思い出』アントン・ロイター
編、ヌスドルフ、2008年

オットー・ビーバ
「日本における最初のベーゼンドルファー」『ウィーン・フィルハーモニー音
楽新聞』64、2009年、97-101ページ

ペーター・パンツァー編
『日本におけるオーストリアの最初の通商使節　カール・フォン・シェルツ
ァーの1869年の日本日誌　オットカール・プフィステラーの日本日誌と
海軍少将アントン・フォン・ペッツ男爵によるオーストリア゠ハンガリー二
重帝国東アジア遠征隊公式記録による補足』ミュンヘン、2009年

ペーター・パンツァー／宮田奈奈
「1869年　若き日本の天皇のためのピアノ演奏会と贈り物」OAG Notizen
(ドイツ・東アジア自然史民族学協会編)、東京、2020年12月、18-35
ページ

Das erste Klavierkonzert
am japanischen Kaiserhof

Otto Biba

Commodore Matthew Calbraith Perry, der mit dem US Ostasien-Ge-
schwader 1853/1854 die Öffnung Japans gegenüber dem Ausland
durchsetzte und die Aufnahme diplomatischer Beziehungen zwischen
den USA und Japan erreichte, hat auf seiner Rückreise von Japan in
die USA den Weg über Europa genommen und in dem damals österreichischen Hafen Triest (heute: Trieste, Italien) Station gemacht. Dort
ist er mit dem Kommandanten der K. K. Marine, Erzherzog Ferdinand
Maximilian, dem jüngeren Bruder von Kaiser Franz Joseph, zusammen-
getroffen. Das heißt, die österreichische Diplomatie hatte von Anfang
an und aus erster Hand Informationen über die diplomatischen, politischen und wirtschaftlichen Möglichkeiten, die sich nun mit Japan
ergeben können. Zum Unterschied von Russland, Großbritannien,
Frankreich und Holland ist Österreich mit der Aufnahme diplomatischer Beziehungen nicht sofort den USA gefolgt, sondern hat vorerst
einmal abgewartet. Nach verschiedenen Ansätzen hat Kaiser Franz
Joseph [S. 11, Abb. 1] mit Entschließung vom 21. März 1866 den Befehl zu einer Expedition nach Japan gegeben, um dort diplomatische
Beziehungen aufzunehmen. Der kurz danach ausgebrochene Krieg mit
den Königreichen Italien und Preußen verhinderte das Projekt. Politische Gründe machten auch im darauf folgenden Jahr das Auslaufen
der Expedition unmöglich. Erst 1868 war es so weit. Die Fregatte
„Donau" und die Korvette „Erzherzog Friedrich" liefen am 18. Oktober
von Triest aus [S. 14, Abb. 4], umrundeten Afrika, steuerten Siam und
China an, wo man ähnliche Verträge schließen wollte, und erreichten
schließlich Japan. Neben den politischen Zielen verfolgte die Expedition auch wirtschaftliche und wissenschaftliche. Letzteres ist der
Grund, warum das ganze Unternehmen, das mehr war als die Reise
einer diplomatischen Delegation nach Japan, Expedition genannt wurde.

Das Abwarten des dafür Feder führenden Kaisertums Österreichs
bzw. des mit dem so genannten Ausgleich-Vertrag von 1866 ent-
standenen Staatenbundes Kaiserreich Österreich – Königreich Ungarn
– von Letzterem kamen keine Initiativen, ja man wollte noch 1869 die

ungarischen Teilnehmer an der Expedition abziehen – war klug, die letzten Verzögerungen zumindest nicht nachteilig. In Japan hat das alte Tokugawa-Regime den Einwohnern erst im Mai 1866 endlich die Erlaubnis gegeben, das Land von sich aus für eine Auslandsreise zu verlassen. Mit Jänner 1868 ist der Shogun zurückgetreten, eine kaiserliche Regierung wurde proklamiert, Edo wurde in Tokyo umbenannt und statt Kyoto die neue Hauptstadt des Reiches, in der sich im April 1869 der zwei Jahre zuvor seinem Vater auf den Thron nachgefolgte und nun erst siebzehnjährige Tenno Mutsuhito [S. 13, Abb.3] endgültig niederließ. Nach seinem Wahlspruch wurde die mit ihm begonnene Epoche Meiji-Zeit genannt. Sie bedeutete den eigentlichen Aufbruch Japans in die politische, wirtschaftliche und kulturelle Internationalität. Im Jänner 1869 war Ausländern, die sich bisher bloß in den Häfen ansiedeln durften, gestattet worden, sich auch in Tokyo niederzulassen und dort ihre Handelsgeschäfte aufzunehmen. Als die österreichische – der Einfachheit halber wird hier, wenn es nicht anders notwendig ist, statt österreichisch-ungarisch nur das Wort österreichisch verwendet – Expedition am 6. Oktober 1869 in Tokyo geankert hat, so war dies der Zeitpunkt, zu dem der innerjapanische Aufbruch hungrig auf dessen Umsetzung in neuen internationalen Beziehungen war.

Am 18. Oktober wurde nach zehntägiger Vorbereitungszeit der Handels- und Freundschaftsvertrag unterzeichnet, der erste Staatsvertrag zwischen Japan und dem Kaisertum Österreich (samt dem Königreich Ungarn). Die Verhandlungen selbst, denen Übersetzung und Ausfertigung folgten, waren kürzer, denn schon am 20. Oktober wurde zu deren Abschluss die österreichische Delegation vom Tenno in Audienz empfangen. Die mitgebrachten Geschenke wurden schon zuvor in einem Saal des Kaiserlichen Palastes, nahe dem Saal, in dem die Audienz stattfand, von dem Gesandtschaftsattaché Eugen Freiherr von Ransonnet aufgestellt. Darunter ein Flügel von Ludwig Bösendorfer [S. 17, Abb.7], der zuvor schon 1867 auf der Weltausstellung in Paris ausgestellt aber niemandem verkauft worden war, weil er für Ludwig Bösendorfer das Beste war. Er war nun als Geschenk für die Kaiserin bestimmt, während der Kaiser mehrere, wenn auch kleinere, Geschenke erhielt.

Freiherr von Ransonnet hat über die Audienz folgende Aufzeichnungen verfasst: „Lange vor der bestimmten Stunde setzte der Zug unserer Gesandtschaft sich in Bewegung, indem die Entfernung vom Gesandtschaftshotel eine große ist. Unsere Musikbande und Marine-

infanterie marschierte voraus, dann folgte der [Konter-] Admiral
[Anton Freiherr von Petz], die beiden Kommandanten der Schiffe,
[Anton Ritter] von Wipplinger und [Maximilian] von Pitner, Gene-
ral-Konsul [Heinrich Ritter von] Calice, Legationssekretär Baron
[Gabriel von] Herbert[-Rathkeal] und meine zwei Kollegen, die Attachés Baron [Konstantin von] Trauttenberg und [Géza] von Bernat sowie
Konsulareleve [László] Hengelmüller von Hengervar, die beiden Letztgenannten im kleidsamen ungarischen Nationalkostüm, und zwar alle
zu Pferd. Ich selbst hatte im Oschiro [dem kaiserlichen Palast] noch zu
tun gehabt und erwartete die Gesandtschaft daselbst. Der Eingang zum
Schloss war ziemlich imposant, indem man, so wie in Oosaka, den
breiten, Wasser gefüllten Graben auf der Schlossbrücke überschreitet,
worauf ein großes Doppeltor, dann ein zweites Tor und zweite Brücke
und endlich ein drittes Tor folgt, welches durch eine Quermauer mas-
kiert ist, so dass der eigentliche Palast des Kaisers von außen nicht
gesehen werden kann. Die Tore sind einfach viereckig aus massivem
Holz, mit Eisen beschlagen und matt schwarz angestrichen, was allerdings düster aussieht. Beim Einzug über die Brücken erhoben sich
ganze Flüge von Kormoranen, den sonst so scheuen Vögeln, welche in
den Festungsgräben unbehelligt ihr Wesen treiben.

Der Eingang in den inneren Hof sowie dieser selbst sind mit
schwarz und weiß horizontal gestreiften Stoffen behangen, während
die innersten Tore mit violettem Zeug [=gewebter Stoff] drapiert sind,
auf welchem das Wappen des Tenno sich weiß abhebt. Unmittelbar
beim Eingang in den eigentlichen Palast befindet sich eine Vorhalle
und ihr gegenüber das sehr einfache Warte- und Empfangszimmer,
wohin wir vorerst geleitet werden. Hier lädt man uns ein, an einem
großen Tische Platz zu nehmen, der mit einem bunt quadrillierten
Teppich bedeckt ist und bewirtet uns mit Tee, Kastera und Reis-
mehl-Zuckerwerk in Form von Wappenblumen in verschiedenen
Farben. Auch lange Pfeifen aus Bambuswurzeln mit kleinem Metall-
kopf werden uns angeboten. Der blasse kaiserliche Tee hat – nebenbei
gesagt – einen sonderbaren Geschmack und erinnert eher an schlechte
Fleischbrühe als an Tee. Auch hier auf dem Tisch fehlt nicht das obligate
Kästchen mit Gluttiegel und Bambus-Spucknapf!

Nach einiger Zeit erscheint der junge Premier-Minister, welchem
wir der Reihe nach feierlich vorgestellt werden. Indessen stimmt die
Hofkapelle im Musik-Pavillon, dem Audienzsaal gegenüber, gedehnte

Klänge einer mir unverständlichen festlichen Musik an und in wenigen Augenblicken stehen wir, vom Minister geleitet, vor dem Sohne der Sonne in ehrfurchtsvoller Stellung. Gleich Bildsäulen stehen rechts und links zwei Reihen hoher Würdenträger des Reiches; die erste in schwarzen und die zweite in weiten scharlachroten Atlasgewändern mit der von alters her üblichen schwarzen Kopfbedeckung mit langer, nach rückwärts geschwungener schwarzer Schleife. Kojasu, der Hofdolmetsch, den ich bereits kenne, trägt die kleine offizielle Lackkappe, welche sofort herabfallen würde, wenn sie nicht in kunstvoller Weise mit weißen Schnüren festgebunden wäre.

Der Tenno in weitem violettem Gewand mit roten Beinkleidern sitzt auf seinem goldbeschlagenen schwarzen Thron und hinter ihm im Helldunkel des Zeltes sieht man seine Leibwache stehen. Zu meinem Erstaunen bemerke ich, dass die tags zuvor noch hinaufgerollt gewesenen Matten des Zeltes, so weit herabgelassen worden sind, dass der Kopf des Herrschers kaum sichtbar ist. Neugierig, das neue Volk westlicher Barbaren – die österreichisch-ungarische Nation! – zu sehen, bückt sich jedoch der junge Monarch, bevor er, unsere Verbeugung erwidernd, sich von seinem Throne erhebt. Hätte er dies nicht getan, so könnten wir uns von seinen – nebenbei gesagt: unschönen – Zügen keinen Begriff machen. Offenbar hat es die alte Hofpartei nicht über sich vermocht, die geheiligte Person des Sohnes der Sonne den Blicken der Europäer ohne weiters preiszugeben, obgleich dies eigentlich bedungen war, und so wurden denn die bewussten Matten ein wenig herabgelassen. Niemand von der Gesandtschaft hat natürlich diesen Kniff der Hofschranzen bemerkt, außer mir, und die Letzteren ahnen wohl nicht, dass ich dahinter gekommen bin.

Die Rede des Admirals wurde durch eine kurze Antwort des Tenno erwidert, die Kreditive dem Minister überreicht und damit war die Zeremonie beendet."

Das war der offizielle Bericht des Attachés. In seinen 1912 veröffentlichten persönlichen Erinnerungen in Form von Reisebriefen hat Freiherr von Ransonnet auf diesen verwiesen und dazu eine sehr persönlich formulierte musikalische Bemerkung ergänzt: „Die feierliche Audienz währte nicht lange und nachdem die deutsche Ansprache des Gesandten-Admirals vom Kaiser in japanischer Sprache beantwortet worden war, zogen wir uns unter den langgedehnten, gräulichen Dissonanzen der japanischen Palastmusik ans Schlossthor zurück, wo die

Klänge der Volkshymne [die so genannte „Kaiserhymne" von Joseph Haydn] von unserer Marinebande uns wohlthuend begrüßten." Dass ihm die Musik der kaiserlich japanischen Hofmusik gräulich und dissonanzenreich erschien, hat der Diplomat in seinem offiziellen Bericht nicht gesagt. Dass diese Bemerkung nicht willkürlich war, sondern von einem versierten Musiker gemacht wurde, der der traditionellen japanischen Musik völlig ratlos gegenüberstand, muss ausdrücklich festgehalten werden. Eugen Freiherr von Ransonnet-Villez (so der komplette Name) war Spross einer im 18. Jahrhundert aus der Bretagne nach Wien gezogenen Familie, wurde 1838 in Hietzing bei (heute in) Wien, und starb 1926 in Nußdorf am Attersee in Oberösterreich, wo er eine heute noch existierende Villa besaß. Er war Jurist und Diplomat, Zeichner, Maler, Kunst-Fotograf, Literatur-Freund und gut ausgebildeter Musiker. Letzteres erklärt, warum er innerhalb der österreichisch-ungarischen diplomatischen Delegation derjenige war, der den Bösendorfer-Flügel vor dem Tenno spielen konnte.

Darüber berichtet Freiherr von Ransonnet ausführlich in einem Brief, der am 5. Jänner 1870 im Wiener „Fremdenblatt" (I. Beilage, Seite 9, „Eine feierliche Audienz und ein Klavierkonzert am japanischen Hofe. Aus einem Briefe des Freiherrn Eugen v[on] Ransonnet") veröffentlicht wurde; das war noch deutlich vor seiner für den 20. Februar 1870 angekündigten Rückkehr nach Wien. In seine 1912 veröffentlichten „Reisebilder aus Ostindien, Siam, China und Japan" hat er diesen Brief leicht redigiert aufgenommen. In der Folge wird aus der redigierten Fassung zitiert:

„[…] Doch nun zu meiner Privataudienz bei dem Mikado – einer Audienz im engsten Sinne des Wortes, da der Kaiser mich nur hörte, während wir uns gegenseitig nicht sehen konnten.

Der Kaiser hatte nämlich Lust bekommen, das schöne Bösendorfer'sche Instrument – das erste Clavier, das er überhaupt gesehen und welches bei Hofe nicht geringes Aufsehen erregt hatte – spielen zu hören.

Der Erfüllung dieses Wunsches stand jedoch die Etikette im Wege, welche dem Mikado verbietet, einen Fremden in Privataudienz zu empfangen. Endlich wurde das Auskunftsmittel gefunden, dass ich in einem kaiserlichen Pavillon Clavier spielen und der Kaiser hinter einer Papierwand ungesehen zuhören sollte.

Nachdem die Sache vorläufig mit dem Minister des Äussern besprochen worden war, wurde ich durch eine amtliche, an unseren Herrn Admiral [Anton Freiherr von Petz, Kommandant der Expedition] gerichtet und von zwei Ministern unterzeichnete Zuschrift eingeladen, mich am 20. October, um 1 Uhr Nachmittags, im Jama Sato o Tscha Ya (Theehause) des Mikado einzufinden.

Bei meinem Eintreffen wurde ich vom Hofdolmetsch empfangen und in feierlicher Weise zu dem etwas entfernten Pavillon geleitet.

Beim Eingange in den Park erwartete mich der Minister des Äussern in weissem Atlasgewande, mit der hohen, schwarzlackierten Uniformkappe auf dem Haupte. Nach den unerlässlichen Begrüssungsformalitäten wurde ich über den langen, schmalen Reitplatz des Kaisers zum Theehause geführt.

Das Gebäude ist ebenerdig, unregelmässig gebaut und enthält eine Anzahl kleiner Zimmer, deren Einrichtung aus Matten besteht und welche durch Papierfenster ihr Licht erhalten, aber nach Hinwegnahme der beweglichen Rahmen, welche die Wände bilden, in veranda-ähnliche Räume umgewandelt werden können.

Für den gedachten Tag hatte man das Gebäude mit violett- und weissgestreiftem Zeuge [=gewebter Stoff] behangen und einen kleinen vorspringenden Tract durch einen herrlichen, mit sorgfältig ausgeführten Malereien bedeckten Schirm in zwei Theile geteilt, in deren einem, welcher nach einer Seite offen stand, das Clavier sich befand.

Mehrere hohe Persönlichkeiten, deren Namen ich nicht anzugeben weiss, befanden sich, mit Galakleidern angethan, in einer gegenüberliegenden Veranda; in dem kleinen Zimmerchen, wo das Clavier stand, war nämlich wenig Platz, ausser für mich selbst und das Instrument.

Bevor S[ein]e Majestät das Gebäude betrat, spielte ich ein paar Stücke, um die Stimmung des Claviers zu prüfen und den Geschmack der Japaner etwas kennen zu lernen. Eine chromatische Scala schien jedoch unter den Anwesenden größere Bewunderung hervorzurufen, als alles Andere; was für mich ein bedeutender Fingerzeig bei Zusammenstellung des Concertprogrammes war.

Die Stimmung des Flügels war noch vollkommen rein, obgleich er bereits seit einem Jahr sich auf Reisen befand und während dieser Zeit zweimal die Linie [=den Äquator, nämlich bei der Fahrt um Afrika] passiert, wie auch einen Taifun bestanden hatte!

Kurz darauf erschien der Minister des Äussern, der sich eine Weile entfernt hatte, und ersuchte mich, das Concert zu beginnen, da S[ein]e Majestät bereits zugegen sei. Dolmetsch und Minister liessen sich neben mir auf dem Teppich nieder, den ich an die Stelle der dicken Matten hatte legen lassen, um den Ton des Instrumentes zu heben, und ich begann zu spielen.

So feierlich war die ganze Geschichte und so seltsam zugleich, dass ich mich anfangs einer gewissen Befangenheit nicht erwehren konnte. Sobald ich jedoch die Tasten unter meinen Fingern fühlte und das herrliche Instrument dem leisesten Drucke gehorchte, wuchs in mir das Gefühl der Sicherheit und ich gedachte nur des, hinter dem Schirme, horchenden jungen Herrschers, welcher mir, nebenbei gesagt, nicht halbsoviel Befangenheit einflösste, als die feierliche Reihe stolzer japanischer Grossen, welche das koncentrische Feuer ihrer Blicke fortwährend auf mich gerichtet hatte.

Ich begann mit Kuhe's ‚Gondola' und der bekannten ‚Annen-Polka' von Strauss. Nach Beendigung dieser Stücke holte der Minister des Äussern die Befehle S[eine]r japanischen Majestät ein und kam bald darauf mit der Bitte zurück, ich möge mein Spiel fortsetzen. Ich liess nun Mendelssohn's: ‚Auf der Piazetta' und, des Gegensatzes halber, einen Strauss'schen Walzer: ‚Promotionen', vom Stapel. Auf weiters ausgedrückten Wunsch des Kaisers spielte ich endlich noch Pirk[h]ert's Etude für die linke Hand und eine Mazurka von Leschetitzky. Damit endete das kleine Concert. Der Minister des Äussern verschwand diesmal auf längere Zeit und brachte sodann auf einer Tasse von Lack zwei in Papier gewickelte Gegenstände. Der Dolmetsch überreichte mir dieselben, indem er mir gleichzeitig die Worte S[eine] Excellenz [des Ministers] verdolmetschte. Ihr wesentlicher Inhalt war, dass S[ein]e Majestät grosses Wohlgefallen an meinem Spiele gefunden habe, mir für meine Mühe den Dank ausspreche und mich bitte, das in Papier gewickelte Geschenk als Erinnerung anzunehmen. Die Überreichung des Geschenkes geschah in der verbindlichsten Weise und ich erwiderte daher die Ansprache in den wärmsten Ausdrücken, welche umso aufrichtiger gemeint waren, als ich von der, mit kostbarem Goldlack verzierten Schildpatt-Cigarrenbüchse welche ich, nach vorhergegangener Anfrage bei dem Dolmetsch, aus dem Papierumschlage zog, sehr angenehm überrascht war.

Die Büchse ist acht Zoll lang, fünf Zoll breit und in echt japanischem Geschmack gehalten, etwas wunderlich in Anordnung der

Zieraten, aber von herrlichstem Material, einfach aber elegant ausgeführt. Drei kleine Landschaften befinden sich auf dem Deckel und Blumen an den Seiten.

Wenn etwas noch dazu beitrug, das Geschenk des Mikado anziehender zu machen, so war es die anspruchslose Art, in welcher es gespendet wurde. Das zweite Papierpaket enthielt nämlich, altem Herkommen gemäss, ein Stück getrockneten Fisches, ein Symbol, welches andeuten sollte, es sei das beiliegende Geschenk eben nur die Gabe eines armen Fischers – denn Fischer waren die Japaner ursprünglich gewesen.

Unter Begleitung des Ministers des Äussern verliess ich den kaiserlichen Pavillon und begab mich in das Schloss zurück, wo man mir einen Berg von Zuckerwerk, verschieden gefärbte Kuchen aus Reismehl und Zucker vorsetzte, welche die Form von Blumen in Relief nachahmten; Thee, Obst und Sparkling Moselle fehlten auch nicht beim Dejeuner.

Es war etwa halb 3 Uhr, als ich das kaiserliche Schloss verliess. Eine Stunde nach meiner Rückkehr in die Legation überbrachte mir ein Hofdiener das kaiserliche Geschenk in einem Holzkästchen und den früher erwähnten Berg von Süssigkeiten, deren Übersendung hier im Lande, als eine besondere Auszeichnung gilt."

Die Werke, die Ransonnet gespielt hat, lassen sich zum Großteil eindeutig identifizieren.

Wilhelm Kuhe 1823–1912
„La Gondola", Lied ohne Worte, op. 12/3

In Ransonnets Bericht über dieses Konzert, der am 5. Jänner 1870 im Wiener „Fremdenblatt" erschienen ist, heißt es: „Ich begann mit Kuhe's ,Berceuse'." Da Berceuse (eigentlich „Wiegenlied") ein ruhiges träumerisches Klavierstück bezeichnet, und „La Gondola" ein solches ist, darf man annehmen, dass die redigierte Wiedergabe dieses Berichts in Ransonnets 1912 erschienenem Buch „Reisebilder" eine Präzisierung des Titels der Komposition anstelle der sehr allgemeinen Charakterbezeichnung Berceuse ist.

Johann Strauss (Sohn) 1825–1899
Annen-Polka, op. 117

Wenn Ransonnet schreibt „die bekannte Annen-Polka" meint er wohl das Werk dieses Namens von Johann Strauss (Sohn) und nicht das damals schon außer Gebrauch gekommene Werk gleichen Namens op. 137 von Johann Strauss (Vater).

Felix Mendelssohn Bartholdy 1809–1847
Venezianisches Gondellied für Singstimme und Klavier, op. 57/5, bearbeitet von Gustav Lange (1830–1889) für Klavier zu zwei Händen mit dem von Lange gewählten Titel „Auf der Piazetta"; der Text des Liedes beginnt nämlich mit den Worten „Wenn durch die Piazetta".

Johann Strauss (Sohn)
„Promotionen", Walzer op. 221

Eduard Pirkhert 1817–1881
„Thême pour la main gauche seul", Des-Dur, op. 10, Aus: Douzes Études de Salon op. 10

Theodor Leschetizky 1830–1915
Mazurka
Mit ziemlicher Sicherheit eine Mazurka aus den „Deux Mazurkas pour Piano", op. 24. Unwahrscheinlich sind die Charakterstücke in Mazurka-Form: „Souvenir de St. Petersburg" Mazurka op. 15; „La Bal d'hier" Mazurka-Reverie op. 35/1; „Mazurka-Impromptu" op. 38/2 und „Melodie à la Mazurka" op. 40/4

So detailgenau Ransonnets Berichte auch sind, einige musikalische Fragen drängen sich doch auf.

Ransonnet hat offensichtlich auswendig gespielt, da er nichts von einem zu diesem Konzert für den Tenno mitgebrachten Notenmaterial erwähnt und berichtet, dass er seine Programmwahl erst beim Ausprobieren des Flügels vor dem Konzert und den dabei gemachten Beobachtungen getroffen hat, wie die schon anwesenden Persönlichkeiten auf musikalische Details reagierten. Sein Programm war technisch anspruchsvoll, das heißt, er muss eine sehr gute Ausbildung im Klavierspiel gehabt haben. In dem am 11. August 1926 in der Wiener Zeitung „Reichspost" erschienenem Nachruf auf ihn von Ignaz G. Wallentin finden wir – wie auch in anderen biographischen Nachrichten – dazu keine Details, wohl aber die Information, „daß er eine gute Musik eifrig pflegte. Nach einer feierlichen Audienz am japanischen Hofe veranstaltete er zum Beispiel dem Mikado ein außerordentlich beifällig aufgenommenes Klavierkonzert".

Es ist unvorstellbar, dass Ransonnet monatelang nicht Klavier gespielt hatte und dann unvorbereitet dieses Programm wiedergeben konnte. Daher müssen wir annehmen, dass die „Donau" an Bord einen Flügel hatte, auf dem er zur eigenen Freude wie wohl auch zur Freude der übrigen Mitglieder der Delegation regelmäßig musizieren konnte. Dass man sich an Bord privat und persönlich mit Musik unterhalten hat – abgesehen von Auftritten der Schiffskapelle, die sozusagen eine offizielle Unterhaltung waren – überliefern manche Eintragungen in Tagebüchern von Teilnehmern dieser Reise.

Was Ransonnet über die Stimmung des Flügels schrieb, ist tatsächlich staunenswert und wohl nur damit zu erklären, dass dieser optimal verpackt war, nämlich, wie Ransonnet überliefert hat, „in einer verlöteten Blechkiste". In dieser muss freilich auch weitestmögliche Vorsorge gegen Schwankungen von Temperatur und Feuchtigkeit wie gegen alle Erschütterungen beim Transport getroffen worden sein, weil die Stimmhaltung von klimatischen Veränderungen wie von Erschütterungen beeinträchtigt wird. Zu dem erwähnten Taifun, der den Schiffen am 30. September 1869 zwischen 10.00 und 16.00 Uhr auf der Fahrt von Hiogo [Hyogo] nach Yokohama arg zusetzte, hat der der Delegation angehörende Beamte im Handelsministerium, Ottokar Pfisterer, Informationen notiert, die eine Vorstellung geben können, was der Flügel zu überstehen hatte: „Das Schiff neigte sich bei der stärksten Roulade [Welle] etwa 40°! [...] Wie schon oben erwähnt hatte zwischen 1 – 3 Uhr der Orkan seine höchste Gewalt erreicht. Eine Sturzsee, die übers Deck ging, begrub uns förmlich; es war ein entsetzlicher Moment; man hatte am Schiff das vollständige Gefühl des Untersinkens, wozu die völlige Dunkelheit (die See verdeckte vollständig mein Scheuerlicht [Oberlicht am Plafond der Kabine]) noch wesentlich beitrug – in diesem Momente dachte ich wohl, wir Alle haben es überstanden [die Mühsal des Erdenlebens überstehen = sterben]! Unwillkürlich athmete man von Neuem auf, als das Schiff sich wieder aus den Wellen erhob. [...] Um 6 Uhr Abends hatte der Sturm ziemlich nachgelassen. Die See war aber fürchterlich erregt. Jetzt ging erst das Rollen [starke Wellen] an [...] Abgesehen davon, daß das Steuer entsetzlich herumgeschlagen wurde, flogen Kisten, Stühle, Bänke, Krüge, Bücher u[nd] Alles was nicht angebunden war durcheinander. Dann die Erschütterungen, die durch das Hin- u[nd] Her-Werfen des Schiffes entstanden, rissen Alles entzwei u[nd] schleuderten es herum." Ransonnet verbrachte während des Sturms „den größten Theil des Tages in meiner Cabine, und zwar auf dem Bette zu, welches der einzige Ort war, der nicht im Wasser schwamm. Einige heftige Wellen, welche an die Bordwand anprallten, drangen nämlich durch die Ritzen der Stück-pforten und überschwemmten meine Zufluchtsstätte." Man kann sich vorstellen, wie die Situation im Frachtraum war.

Bei der musikalischen Bildung Freiherrn von Ransonnets ist frei-lich auszuschließen, dass die Stimmung stark gelitten hatte, er aber nichts davon merkte. Die Verpackung muss für alle Eventualitäten ideal gewesen sein.

Der Flügel war ein Geschenk an die Kaiserin. Wir wissen, dass diese nach Erhalt des Geschenks von der Gattin des britischen Gesandten Klavierunterricht erhielt. Ob auf Dauer oder ob später doch eine Klavierlehrerin engagiert werden konnte, wissen wir nicht.

Auch über das weitere Schicksal dieses Flügels ist nichts bekannt. Er gilt heute als verloren.

*

Für die 1869 nach Japan gekommene Expedition und Delegation aus Österreich war dieses vorab nicht geplante, aber dann problemlos durchgeführte Konzert am Hofe des Tenno ein musikalischer Höhe-punkt, der im offiziellen nach Wien gesandten Bericht seinen Platz hatte. In dem regelmäßig in der „Wiener Zeitung" veröffentlichten „Gesandtschaftlichen Tagebuche", konkret in jenem für die Zeit vom 7. bis zum 21. Oktober 1869, las sich das in der Ausgabe vom 31. Dezember so: „Auf Wunsch des Kaisers wurde der Gesandtschafts-attaché Baron Ransonnet in den kaiserlichen Palast beschieden, um auf dem Flügel (Kunsterzeugniß des Herrn Bösendorfer), welcher der Kaiserin von Japan gewidmet wurde, einige Musikstücke zu spielen. Das herrliche Instrument erregte allgemeine Bewunderung und der

Kaiser ließ dem Baron Ransonnet durch den Minister des Aeußern Sein besonderes Wohlgefallen über dessen Spiel ausdrücken!" Dank den offensichtlich bereitwillig mitgeteilten Erzählungen bzw. schriftlichen Erinnerungen Eugen Freiherr von Ransonnets hat dieses Klavierkonzert am japanischen Kaiserhof eine gewisse Präsenz im österreichischen Bildungsbürgertum seiner Zeit bekommen; sogar im Nachruf auf Ransonnet hat es noch seinen Platz gehabt. Der Flügel war zwar der wichtigste aber nicht der einzige musikalische Eindruck, der mit dieser Delegation nach Japan kam.

Schiffe besaßen damals eine eigene Musikkapelle, primär für Aufgaben des Protokolls und der Repräsentation, Handelsschiffe kleinere, Passagierschiffe größere, auch wenn dort für die Unterhaltung der Passagiere professionelle Musikensembles engagiert waren. Diese Schiffs-Kapellen waren aus musikalisch dazu fähigen Matrosen und sonstigen Besatzungsmitgliedern gebildet; beim Anheuern wurde darauf geachtet, dass in der Crew genügend Mitglieder für eine solche musikalische Zweitbeschäftigung vorhanden waren. In der Regel musizierten diese Schiffs-Kapellen, meist „Musikbande" oder „Musikbanda" genannt, in Blasmusik-Besetzung, also wie Militärmusik. Da bei dieser speziellen Reise, um die es hier geht, auch Marine-Infanterie an Bord war, ist es möglich, dass diese Musikbande überhaupt die Militärmusik der Marine-Infanterie war.

Die Musikbande musizierte, wenn der Konter-Admiral Anton Freiherr von Petz, Komandant der Expedition, in offizieller Funktion auftrat bzw. wenn die diplomatische Delegation in ihrer Funktion in Erscheinung trat, wie beim Zug vom in Takanawa liegenden Gesandtschaftshotel, das den Gästen zur Verfügung gestellt wurde, zum kaiserlichen Palast zur Audienz beim Tenno. Ransonnet spricht in seinen Aufzeichnungen ausdrücklich davon, dass die Entfernung eine große war. In dem von Petz geführten gesandtschaftlichen Tagebuch wird die Entfernung mit vier englischen Meilen, das sind 6 ½ km, angegeben. Das heißt, beim Zug der Delegation durch die Straßen von Tokyo hörte die Bevölkerung österreichische Militär-, also Marschmusik. Bei allen Anlässen, wo dies protokollarisch notwendig war, war die Musikbande zugegen, um die österreichische Hymne zu spielen. Als infolge des Taifuns in der Besatzung ein Todesopfer zu beklagen war, dessen Leichnam am 3. Oktober in der französischen Missionkapelle in Yokohama eingesegnet und dort bestattet wurde, spielte die Musikbanda beim Leichenzug vom Schiff zum Ufer und zur Missionskapelle Trauermärsche: Für die Bevölkerung sicher auch ein seltenes musikalisches Erlebnis.

Die Musikbande trat aber auch zu Unterhaltungszwecken auf, bei denen sie mit ihrem Musikrepertoire von der Bevölkerung wahrgenommen werden konnte. Ob immer mit Freude und Erfolg sei dahingestellt. Der Beamte des Handelsministeriums, Ottokar Pfisterer, notierte am 18. September in Nagasaki in sein Tagebuch, dass „unsere Musik am Lande" spielte. Sie „lockte aber im Ganzen wenig Zuhörer, Damen gar keine." Am 11. und am 27. Oktober spielte die Musikbande vor dem Deutschen Club in Yokohama, wobei unklar ist, ob sie vor den Club-Mitgliedern oder vor dem Club-Gebäude auftrat.

Bei Einladungen für die österreichischen Gäste zum Dinner brachten diese – in Absprache oder als Gastgeschenk – die Musikbanda mit, am 7. Oktober zum Britischen Gesandten und am 16. Oktober bei einem von der Regierung gegebenen Essen. Im Tagebuch des Ministerialbeamten im Handelsministerium, Ottokar Pfisterer, lesen wir zum 7. Oktober ausdrücklich, dass die Musikkapelle mitgenommen wurde. Sir Harry Smith Parkes, der britische Gesandte, „war über die Musikbanda hocherfreut", wie Ministerialrat Karl Ritter von Scherzer, der ranghöchste Beamte in der Delegation, in seinem Tagebuch festhielt. Derselbe notierte auch, dass das Diner der Regierung „ganz im europäischen Styl servirt" war. „Die Banda war auch eingeladen worden u[nd] spielte, nachdem sie sich gesättigt, während des Essens." Aber auch bei Einladungen zur Tafel seitens der österreichischen Delegation traten die eigenen Musiker auf, wie am 8. Oktober in Tokyo beim ersten Diner, das Konteradmiral Anton Freiherr von Petz dort gab, oder am 11. Oktober, als die beiden für die Vertragsverhandlungen Bevollmächtigten der japanischen Regierung, Nobuyoshi Sawa und Munenori Terashima, sowie der bei den Verhandlungen die österreichischen Diplomaten unterstützende Britische Gesandte Sir Harry Smith Parkes von den Österreichern zur Tafel geladen waren. Die beiden japanischen

Gäste schienen „besonderen Gefallen an der Musik zu finden", notierte der Ministerialbeamte Ottokar Pfisterer in sein Tagebuch. Ob die Musikbande bei der Tafelmusik auch in Militärmusikbesetzung oder in einer Streicher- bzw. gemischten Orchesterbesetzung auftrat, ist zu erwägen; dass Musiker in derartigen Diensten sowohl Streich- wie Blasinstrumente spielen konnten, war üblich.

*

Schließlich muss auch noch darauf hingewiesen werden, dass der Flügel nicht das einzige Musikinstrument war, das diese Kaiserlich-Königliche Österreichisch-Ungarische Delegation nach Japan brachte. Sie hatte auch Kunsthandwerks- und Industrieprodukte mit, die in einer Handelsausstellung gezeigt wurden und den Handelsverkehr zwischen Österreich und Japan, gefördert mit dem nun geschlossenen Vertrag, beleben sollten. Darunter waren folgende Musikinstrumente:

Blechblasinstrumente verschiedener Erzeuger,
zur Verfügung gestellt vom „Verein zur Beförderung der Gewerbstätigkeit im Erzgebirge".
Graslitz und Schönbach in Nordwestböhmen (heute: Kraslice und Luby in Tschechien) waren traditionelle Zentren der Blechblasinstrumentenerzeugung. Das Königreich Böhmen wurde in Personalunion mit dem Österreichischen Kaisertum regiert.

Mundharmoniken,
je eine Mundharmonika von den Harmonikamachern Wilhelm Thie und F. Sueß in Wien.
Wilhelm Thie Vater und Sohn hatten eine namhafte Werkstatt. Ein F. Sueß ist in Wien zu dieser Zeit als Harmonikamacher nicht nachweisbar. Wahrscheinlich hat es sich um einen Großhändler und nicht um einen Erzeuger gehandelt. Die Zieh- wie die Mundharmonika hatte in Wien eine besondere Tradition; daher war es naheliegend, Mundharmoniken in Japan auszustellen und anzupreisen.

LITERATUR (AUSWAHL):

[Anton Freiherr von Petz:]
Von der ostasiatischen Expedition. Gesandtschaftliches Tagebuch
vom 7. bis 21. October 1869 während des Aufenthalts in Yedo, in:
Wiener Zeitung, 31. Dezember 1869, S. 1153–1154.

Freiherr Eugen v. Ransonnet:
Eine feierliche Audienz und ein Klavierkonzert am japanesischen
Hofe, in: Fremdenblatt, Wien, 5. Jänner 1870, I. Beilage, S. 9.

E. von Ransonnet:
Reisebilder aus Ostasien, Siam, China und Japan, Graz 1912.

Ignaz G. Wallentin:
Ein Altösterreicher [= Eugen von Ransonnet], in: Reichspost, Wien,
11. August 1926, S. 1–2.

Anton Roither:
Eugen von Ransonnet (1838–1926). Familien- und Lebensgeschichte
des Künstlers und Forschers, Nussdorf 2006.

Eugen von Ransonnet:
Im Zauber des Fudji Yama. Erinnerungen an meine Japan-Reise im Jahre 1869, hg. von Anton Roither, Nussdorf 2008.

Otto Biba:
Der erste Bösendorfer in Japan, in: Musikblätter der Wiener Philharmoniker, 64. Jg., Wien 2009, S. 97–101.

Peter Pantzer (hg.):
Österreichs erster Handelsdelegierter in Japan. Das Japan-Tagebuch von Karl Ritter von Scherzer 1869, ergänzt durch das Japan-Tagebuch von Ottokar Pfisterer und die amtlichen Japan-Berichte der österreichisch-ungarischen Ostasien-Expedition von Konteradmiral Anton Freiherr von Petz, München 2019.

Peter Pantzer – Nana Miyata:
Klavierkonzert und Geschenke für den jungen japanischen Kaiser im Jahr 1869, in: OAG Notizen 12/2020, Deutsche Gesellschaft für Natur- und Völkerkunde Ostasiens (hg.), Tokyo 2020, S. 18–35.

1870年頃のウィーンの音楽生活

オットー・ビーバ

150年前に日本とオーストリアの外交関係が結ばれた頃、ウィーンの生活の中で音楽は大きな転換点に差し掛かっていた。これまで見慣れてきた音楽の情景が存続する一方で、多くの新しいものが加わったのである。当時、ウィーンという都市そのものが変化期にあった。1870年、ウィーンはロンドン、パリ、ニューヨークに次ぐ世界第4の大都市であった。支配者のオーストリア皇帝は、同君連合によりハンガリー王でもあって、ボヘミア王、ダルマティア王、ガリツィア＝ロドメリア王、イリュリア王、クロアチア＝スラヴォニア王でもあって、他に12の帝冠領──多くはそれまで長きにわたってハプスブルク家の領地であった国々──を治めていた。これほど大規模な中欧の支配領域に対して、ウィーンは政治的首都であったばかりでなく、文化的にも人々を強く惹きつけ、同時に新しいものを発信する模範としての機能を果たしていた。

オーストリア皇帝は1857年に、ウィーンを取り囲む市壁を取り壊し、郊外地と一体化させ、また町自体を拡大させるようにと命じた。住民数は1870年までに約20万人に増加し、文化や音楽に関わる新しい建物が作られた［18ページ、図8］。その中には、1869年に開場された新しい宮廷歌劇場（今日のウィーン国立歌劇場）［20ページ、図9／21ページ、図10］や1870年に開場されたウィーン楽友協会［22ページ、図11／23ページ、図12］も含まれる。ウィーン楽友協会の建物内には二つのコンサートホールと、楽友協会アルヒーフ・図書館・コレクションのための空間、およびウィーン楽友協会音楽院の教室があった。市の囲壁があった所に立派な「リングシュトラーセ」という道路が新設され、重要な新築建造物はその周りに配置された。よってこの時期は「リングシュトラーセ期」と呼ばれる。この時期に特徴的な新しいものの勃興は、芸術、特に音楽の分野に表れた。これに対して造形芸術分野は、都市開発による変化が完了した後、すなわち1890年代末から1900年頃にかけて新しい傾向を示

すようになった。

　音楽における新しい方向性は、すでに1860年代に見られる。リングシュトラーセ期において建築分野では「歴史主義」が支配的で、伝統的なモデルに新しい解釈と用法が適用されたのと同様に、音楽においても伝統に基づきながら刺激的な未来を創り出そうとする努力が見られたが、その一方で伝統を破壊して新しいものを始めようとする姿勢が見られた。つまり、音楽史において初めて二つの様式的方向性が同時に並立したのである。もちろん、二つの方向性の間に立つと評価された作曲家もいた。例えばブラームスはある人には進歩的と捉えられる一方で、伝統との結びつきが強いと評価する人もいた。しかし全体的に見れば、ブラームスはロマン派を受け継いだ作曲家であり、ブルックナー（ワーグナーも）は新ドイツ楽派の代表者であった。もちろん単純なレッテル付けには問題がある。いずれにしてもここでは、ブラームスとブルックナーがウィーンで二つの様式の方向性の名目上の先導者と考えられていたことを指摘しておこう。この二人については、フックス氏の論考03を参照されたい。

　もちろんワーグナーとブルックナー、そしてその反対側にブラームスがいただけではない。作曲家たちの舞台そのものが二分されていた。一部の作曲家たちが一方のグループとみなされ、他の作曲家たちはもう一方のグループとみなされた。もし作曲家がそうしたグループの一員とみなされることを望まず、またそう分類される根拠が見出せない場合でも、ともかく批評家や聴衆はそうした区分を行った。こうしてすべての作曲家がどちらかのグループに入れられ、もう一つのグループから拒絶された。

　二つの様式の方向性は、ピアノ曲、室内楽、管弦楽、歌曲、合唱からオペラ、オラトリオに至るまで、音楽のどのジャンルにも見出すことができる。聴衆は、こうした様式の二分化に惑わされ、多くの人がどちらの様式的方向性を支持するかを決め、どちらかの派閥に味方し、もう一方の派閥を拒否しなければならないと考えた。このように、様式を見極めて支持する派閥を決めなければならないという強迫観念は、今日も多くの新聞批評や多くの演奏家に見出すことができる。そのような考えにとらわれずに高いクオリティだ

けを求めることができる人は少なかった。そのような客観性を示した代表例が指揮者のハンス・リヒターで、ワーグナーと同様、ブラームスの作品の初演も指揮している。

その後の状況はどう展開しただろうか。さらに多様な作曲様式が現れ、共存することとなった。1860年代以降、典型的な「時代様式」を認識することはできない。現代では数多くの音楽様式が並立しており、誰もそれにいらつく人はいない。こうした多様性を変化と捉えるからである。

様式的方向性の二分化ということに加えて、150年前のウィーンにおける音楽の情景において特徴的だったのはどんなことだろうか?

I.

公開の場での音楽活動がさまざまな点で大いに発展した。もともとは家庭音楽[25ページ、図13 / 26ページ、図14]や家庭コンサートに端を発した多様な音楽ジャンルがコンサートホール[30ページ、図17]でも演奏されることが定着し、本来個人的な演奏のための曲であったことが忘れられた。作曲家たちはこうしたジャンルのために、演奏技術的にますます難しい作品を作った。家庭音楽を楽しみ家庭でコンサートを開こうとする人は、集まって演奏するのが常である。もし新しい曲があまりにも難しければ、集まって気軽にその曲を演奏することは困難となり、その代りに作品を勉強しなければならない。それは家庭音楽の理想に反することであった。こうした展開はベートーヴェンの後期弦楽四重奏曲から見られ始め、ブラームスの室内楽曲のような楽曲で頂点に達したと言えよう。ブラームスのクラリネット五重奏曲は、モーツァルトのクラリネット五重奏曲のように楽譜を見てすぐに演奏できるものではない。演奏するには練習が必要である。楽譜を見て練習するということは職業的な音楽家の仕事であり、個人的な楽しみの音楽ではなかった。

こうしたことから、素人の演奏者が弾けるような新しい音楽作品が次第に少なくなり、職業演奏家の重要性が増し、アマチュア音楽家は背景に押しやられるようになった。1850年頃までは、教養のある音楽家たち、つまり収入を得るためではなく楽しみで演奏し

ているディレッタントの方が、職業音楽家より上位に位置付けられていたのに対して、19世紀の後半にはディレッタントという言葉が否定的な意味をもつようになった。それは今日も同じである。ディレッタント的というと、それは上手ではないことを意味する。19世紀半ばまでは、喜びと情熱をもって芸術に取り組む人の方が、生活の糧を得るために芸術に取り組む人よりもすぐれた成果を挙げると考えられていたため、ディレッタントが芸術に携わることが賞賛された。もちろん、喜びと情熱をもって音楽することは自発的な音楽行為であり、研究や勉強ではない。作品を研究し、練習し、勉強することにより、音楽に仕事という性格が付与されてしまう。それは基本的に悪いことではないが、すばらしい余暇の営みとしての演奏とは異なるものである。とは言え、当時は例えばブラームスの室内楽を演奏できるようなアマチュア音楽家が充分存在していた。そのような人々がたくさんいたということが、まさにウィーンの特徴であった。ウィーンのみならずどこの町にいようとも、アマチュア音楽家は作曲家とその出版社にとって商業的に不可欠な存在であった。当時は比較的少なかったプロの室内楽団のために室内楽曲を出版したとしても、儲からなかったからである。

　150年ほど前の時代のアマチュア音楽の活動範囲と言えば合唱音楽である。それ以外の音楽ジャンルは次第に職業音楽家の手に移っていった。合唱音楽の特別な種類として、あらゆる宗派の教会音楽がある。このジャンルもアマチュア音楽家の手に残り続けた。

　　　2.

　約150年前、すなわち19世紀後半ほどウィーンに合唱団の多い時期はなかった。混声合唱団、男声合唱団、そしてまもなく——それほど多くはないが——女声合唱団が加わった。このうち女声合唱団はまさに新しいトレンドで、そこには音楽における女性解放が投影されている。当時は男声合唱団の最盛期であった。それは、ウィーン男声合唱協会がウィーン・フィルハーモニー管弦楽団と芸術的に同等の機関とみなされていたことからも明らかである。そして忘れてならないのは、ブラームスやブルックナー——この時期

のウィーン音楽界で最も有名な二人——も、混声合唱と管弦楽の
ための作品、あるいは男声合唱と管弦楽のための作品を作曲して
いることである。

　こうした合唱団のために、最も重要な作曲家からあまり有名でな
い作曲家に至るまで、多くの作曲家が大量の楽曲を作曲した。多
彩な様式とさまざまな難易度による合唱音楽の楽譜が、出版社に
よって印刷された。その量は19世紀後半が最も多かった。通常、
合唱団はコンサートを自分たちで企画した。合唱のコンサートは
古典的なコンサートホールの他、多目的ホール、ダンスホールや大
規模レストランのホールで、さらに夏には野外でも行われた。普通
ならば、提供される音楽を聴くために聴衆の方がコンサートホール
に行くのに対して、合唱音楽は自ら聴衆の方に歩み寄ったのであ
る。そこには一般的なコンサートの聴衆のみならず、合唱のコンサ
ートでのみ見受けられるような市民層も集まった。というのも、合
唱団で歌うことは社交的な要素も含んでいたからである。人々は
喜んで集まり、自分が所属する合唱団のコンサートに来てほしいと
他の友達に持ちかけ、またその友達も喜んでその誘いに乗った。

　合唱が好まれ、あらゆる種類の合唱コンサートが幅広く行われ
たということは、まさに本稿で述べている時代の特徴である。それ
と同時に、合唱音楽が個人的な場でも育まれたこと、すなわち合
唱曲が家族や友だち仲間でも歌われたことも指摘しておかねばな
らない。これらは、小さな編成ではあるが各パートに複数の人数を
要する合唱曲であり、50年前のビーダーマイヤー時代のようにソロ
を組み合わせた多声重唱曲（たとえばシューベルト、メンデルスゾーン、ま
たはシューマンのような）ではなかった。このように家庭や友人たちの
中で、特にしっかりした組織を作るわけでもなく、また合唱団の名
称を付けることもなく、自発的に音楽を楽しむ形で合唱が歌われ
た。

　　　　3.

　ウィーン楽友協会音楽院は一流の音楽教育の場であり、高いレ
ベルで音楽教育が行われた。しかしその他にも、もう少し低いレベ

ルで音楽を学べるたくさんの可能性があった。多くの音楽学校が
存在し、器楽や声楽の教師は数えきれないほどいた。そのような
教育を受けた人々は、ブラームスを演奏するのではなく、もっと技
術的に簡単な作曲家の作品を演奏した。そのような作曲家の作品
数は多く、また出版譜も広く普及していた。

　音楽院に入学しない人でも、優れた音楽家となりえた。その人々
は職業音楽家になることを目的としていなかった。彼らが音楽教
育で身に着けた音楽的能力は、常に自分自身の楽しみや他の人
と一緒に演奏する楽しみのために用いられた。そのよい例が、
1869年にオーストリア使節として天皇陛下に献上したピアノを御前
演奏したオイゲン・フォン・ランズネ男爵である。その時の演奏曲
目は高い技術を要求するものであったため、彼は優れたピアノ奏
者であったにちがいない。しかし彼の職業はピアニストではなく、
外交官であった。つまり彼は、古き良き意味でのディレッタントであ
ったことになる。それは演奏によって生活費を得るのではなく、楽
しみのためにのみ音楽に携わる、高い素養の音楽家を意味してい
た。ディレッタント的であることが否定的に捉えられるようになった
のは、それより後のことであった。

4.

　新しい印刷技術により、楽譜の印刷量の増大が可能となった。
それゆえにウィーンの音楽出版社は——以前にも増して——地域
を越えた市場のために生産するようになった。世界的に有名で人
気のある作曲家ヨハン・シュトラウスⅡ世を例に挙げるならば、輸
送の効率が上がったこともあり、その作品はウィーンで出版された
6週間後にはニューヨークで手に入れられるようになった。

5.

　この時代、軽音楽と真面目な音楽との分離が始まった。これは
私の考えによれば不幸な分離である。なぜならばどのような目的
であろうと、いい音楽と悪い音楽が存在するからである。しかし、

ヨハン・シュトラウスとその兄弟たちは、娯楽のための作品を書く作曲家として捉えられるようになった。彼らはダンス音楽、すなわち踊るためのワルツと、コンサートのため、つまり聴くための――聴いても楽しめる――ワルツを作曲した［28、31-32ページ／図16、18-19］。

それに対して、真面目な音楽を書く作曲家たちは、悲劇的な、あるいは刺激的な音楽、すなわち娯楽的ではなく心を奪うような音楽を作曲した。こうして彼らは、人々がそれを理解するために取り組み学ばなければならないような音楽を書いた。そのことにより、以前とはまったく異なる新しい聴き方が求められた。

ひとつだけその例を挙げよう。今日われわれはアントン・ブルックナーの交響曲を喜んで聴き、何も問題を感じない。しかし150年前にはブルックナーの音楽は聴くに難しく、また理解するにも難しかった。ヨハネス・ブラームスの作品もすべてが簡単に理解できたわけではない。両者の作品のいくつかは、ウィーンで最初に演奏されたとき不評であった。それより以前にもそのようなことはあったが、この時期、新しい音楽として現れた作品を聴くことが極端に複雑なものとなった。モーツァルトのいくつかの音楽、特に室内楽は聴きにくい音楽と捉えられていた。（フックス氏はこのテーマについて重要な論考を発表している。）しかし何度も聴けば、それに慣れてくる。ベートーヴェンの音楽にも新しい要素が多く、人々はそれに驚き、問題だと感じた。だがそれについていくように努力することができた。シューベルトは長い間人気があり、聴衆が問題なく聴取できる作曲家であったが、晩年にはあらゆる習慣を飛び越えた未来志向的な作品を書いた。しかし（ブルックナーの例にこだわるならば）、シューベルトの後の世代としてアントン・ブルックナーが書いた音楽は、「新しすぎる」というよりも「まったく違うもの」であり、さしあたり「理解不能」であった。

6.

1870年頃、一般に音楽を楽しむ人々の生活の中に新しい場が加わった。1869年5月25日に宮廷歌劇場の新しい建物が、当時できたばかりのリングシュトラーセ沿いに開場され、1870年1月6日

にはウィーン楽友協会の新しい建物ができ上ったのである。この二つの建物は最も重要ではあるが、一般の人々が出入り可能な音楽制作の場は他にもあった。オペラやオペレッタは他の劇場でも上演された。管弦楽と室内楽のコンサートには、さらに他のホールも用いられた。1870年頃のウィーンに一般聴衆のためにどのような音楽施設があったのか、全体図を示すことはこの論考の範囲を超えている。この頃ウィーンのコンサート界で最も有力な管弦楽団はウィーン・フィルで、ウィーン楽友協会のホールを借用して自主企画による予約コンサートを開催した。ウィーン・フィルはまた、宮廷歌劇場管弦楽団のメンバーでもあり、その名称でコンサートにも出演した。ウィーン楽友協会の合唱コンサートと管弦楽コンサートには、プロの音楽家（ウィーン・フィルの団員と音楽院の教授陣）とアマチュア音楽家によって編成された楽友協会コンサート管弦楽団が出演した。ディレッタントが否定的には捉えられていなかったことについては、また後で触れることとしよう。ウィーン楽友協会コンサートの合唱団は、今日も存続している「ジングフェライン」である。楽友協会ではシーズンごとにコンサートを指揮する指揮者を決め、その人物は演奏会監督という称号で呼ばれた。1870年頃に活動した演奏会監督の名前は以下のとおりである。

—1859〜70年　　ヨハン・ヘルベック（1870年に宮廷歌劇場監督に就任）
—1870〜71年　　ヴァイオリニストとして有名だったヨーゼフ・ヘルメスベルガー
—1871〜72年　　指揮者・ピアニスト・作曲家であったアントン・ルビンシテイン
—1872〜75年　　ヨハネス・ブラームス

　それに加えて、ウィーン・フィルはシーズン全体の予約コンサートのために指揮者と契約した。毎年新しい契約であったが、1860〜75年の間、指揮者はオットー・デッソフであった。
　ウィーンの公開コンサートの中で有名な合唱団といえば、ウィーン・ジングアカデミー（1863/64年にヨハネス・ブラームスが指揮）とウィーン男声合唱協会（ヨハン・シュトラウスⅡ世はこの協会のために1866/67年

の冬、踊るためのワルツとしてではなく「歌のワルツ」として『美しく青きドナウ』を作曲した)である。この時期に最も有名だった室内楽団は「ヘルメスベルガー四重奏団」である。しかしこれ以外にも、アマチュア音楽家(ディレッタント)で構成されているが高い演奏レベルを有する多くの室内楽団が存在した。同様に、上述の二つのオーケストラ以外にも高水準のアマチュア管弦楽団が多数存在した。その一例となるのが「ウィーン楽友協会オーケストラ・フェライン(管弦楽協会)」であり、ヨハネス・ブラームスが1875年に指揮している。世界的名声をもつソリストたちも定期的にウィーンを訪れ、ここで演奏することを望んだ。1870年頃の例として、クララ・シューマン、ヨーゼフ・ヨアヒム、ハンス・フォン・ビューローといった人々が挙げられる。

　重要かつ特徴的なことは、いわゆるクラシック音楽にとって、公開コンサートが特に「ハイカルチャー」ではなかったということである。オーケストラや室内楽のコンサートが行われる多くのホールは、必ずしも町の中心部にあったわけではなかった。郊外でもこの種の音楽が奏された。郊外ではしばしば教会音楽の演奏団体が世俗曲のコンサートを開いた。そこから、音楽の在り方がジャンルの境界を越えていたことがわかる。家庭で行われるコンサートにおいても同じような越境が生じた。プロの楽団が家庭で演奏するために招かれる[27ページ／図15]一方で、高いレベルのディレッタントたちは客人と共に自ら演奏した。家庭コンサートでは常に聴くだけの訪問者もいたのに対して、家庭音楽は親しい友人が集まって親密に音楽を楽しむ場であり、聴くだけの人はいなかった。

　この時代の特徴は、多種多様な音楽がさまざまな場所に存在したということである。コンサートホールで集中して耳を傾けるコンサートもあれば、家で自分自身で演奏する家庭コンサートもあった。庭園や公園には音楽演奏用のあずまやがあり、公園を訪れる人を楽しませるためにオーケストラがそこで演奏した。レストランにも楽団がいて、食事のための音楽を奏した。路上では歌ったり楽器を奏したりする辻音楽師がいた。兵舎から練兵場に向かう、あるいは戻ってくる兵士たちに随行して、突然、軍楽隊が通りを行進してくることもあった。またさまざまな機会に教会の聖体行列が行われ、そこで音楽が奏された。葬列にも音楽は付きものであった。葬送

行進は、その人が亡くなった住まいから教会に至り、そこで祈りや礼拝を捧げて別れの儀式をした後、さらに墓地まで続いた。その人が病院で亡くなった場合には、教会から墓地まで行進した。ウィーンの人々は、このようにあらゆるところに音楽が存在することに慣れていた。しかし外からきた訪問者たちはしばしば、ここではいつも音楽が聞こえてくるため落ち着いて仕事に集中できないと不満を言った。通りからあらゆる種類の音楽が窓越しにさまざまな音量で聞こえてくる。加えて、隣の住居では子どもが楽器を練習する音が鳴り、そして反対側の隣では別の音楽を演奏しているといった具合である。

これまで述べたことの多くは、現代では、たとえばレストランやカフェでスピーカーから音がまき散らされるのと似ている。このようにいろいろな音が存在する状況は、今日では技術的手段によって可能であるが、150年前にはライブ（生）の音楽しかなかった。音楽を生み出し、音楽を聴くのに多くの可能性があった。つまり、今日では当然のようになっている「どこでも音楽が聴ける」ことが、当時はまったく異なる前提と原因によって成立していたのである。音楽を生み出す多様な可能性が、多くの音楽家と楽団に活動の場を与えた。

7.

当時発展し始めたいわゆる軽音楽は、多くの職業音楽家の仕事の場となった。その例が多くのダンス楽団である。まずシュトラウス兄弟の楽団が頭に浮かぶが、そのほかにも、今は忘れ去られている多くのダンス音楽の指揮者と作曲家が存在し、自身の楽団を率いていた。19世紀初期においては、ダンス音楽はしばしば民俗音楽であった。田舎で民俗音楽であったものが、都会にくるとダンス音楽として専門化し、職業に結びついたのである。

公園で演奏した楽団は、コンサートホールに出演するオーケストラと同様の管弦楽団と考えられた。そして、オペラの抜粋、コンサートホールで演奏する楽曲、そしてダンス音楽（実際のダンスは伴わなくとも）といった多種多様なレパートリーを演奏した。

レストランやレストランの庭園における音楽は、数多く存在した

職業演奏団体が引き受けた。「ホイリゲ」と呼ばれる典型的なウィーンのワイン酒場における音楽も同様である。「ホイリゲ」で演奏した最も有名な楽団は、ヨーゼフ・シュランメルの楽団である。シュランメルの楽団とウィーン・フィルとの間に格の違いがなかったことは、次の逸話にも表れている。ブルックナー、ワーグナー、ブラームスの初演を指揮した有名な指揮者ハンス・リヒターが、シーズンの最後にウィーン・フィルをホイリゲに招待した。その招待状に彼は、「比類なきシュランメルの音楽がある場所」と記している。

8.

この種の軽音楽は民俗音楽ではなく、作曲家の名前で楽譜に記譜された「作曲された音楽」である。これに対して民俗音楽は、実演の伝統に基づき即興を伴う、あるいはほとんどが即興による音楽である。民謡には歌詞と旋律が記されているが、伴奏の楽譜はない。そして原則として、歌詞と旋律の作者は不明である。民俗音楽に合わせて踊る場合もある。その場合も特徴的なのは、作曲家が不明であり、旋律以外は演奏者が自由に演奏していいという点である。もちろん旋律自身を変化させてもかまわない。

民俗音楽と芸術音楽の境界に立っているのが、辻音楽師である。彼らは人気のオペラのアリアを歌い、軽音楽作曲家の歌を歌い、民謡をも歌った。

9.

音楽的には、本当に多彩で多様な時代であった。

歌劇場や劇場（台詞劇であっても序曲や幕間音楽があった）やコンサートで音楽が聴ける。

家庭では、自分自身の楽しみのために、あるいは家族や友だちと一緒に音楽を演奏する。

教会で音楽が聴ける。当時のカトリック信者にとっては、毎日曜日に礼拝に行くことが当たり前であった。そして礼拝には教会音楽が奏された。したがって自分で音楽をたしなまず歌劇場にもコン

サートにも行かない人であっても、教会で音楽を聴くことを余儀なくされた。

公園や庭園、レストランやカフェにも音楽があった。

上述のとおり、さまざまな理由により路上でも音楽が奏された。

軍楽隊には当時新しい課題があった。軍楽、ならびに本来の目的として兵士を鼓舞する音楽を奏するのみならず、兵士以外の一般市民を楽しませる音楽を奏することである。軍の吹奏楽団が通りを行進する時には、兵士の行進に適した音楽を奏さねばならない。だが同時に、たまたま通りがかった人々をも楽しませる。軍楽隊は、レストランの庭園や公園でも人々を楽しませる音楽を演奏した。それは、その他の音楽団体の出演機会を奪うことになったが、軍隊を親しみやすいものとし市民との間に強固な信頼の基盤を築くことが政治的に重要だと考えられた。

様々な理由により、ダンス音楽は非常に重要であった。踊る機会は舞踏会だけに留まらず、ダンスは社会的に常に好ましい余暇の楽しみであった。人々はまた、ダンスの音楽やダンスのリズムによる音楽を（踊らずに）聴くことも楽しんだ。

今日では、技術的な発展によりあらゆる種類の音楽・ジャンル・作品をいつでも聴くことが可能である。しかし当時はそうではなかった。歌劇場で上演レパートリーとなった時だけオペラを聴くことができ、公開コンサートの曲目に取り上げられた時だけ管弦楽曲を聴くことができた。しかし、こうした作品を、歌劇場にもコンサートホールにも行かずに聴ける可能性があった。編曲による演奏である。オペラや交響曲、室内楽曲のピアノ連弾用編曲譜は、非常に人気が高かった。オペラのオーケストラパートと歌唱パートが、編曲によって4手（連弾）のピアノパートの中に詰め込まれた。交響曲でオーケストラの中に起こる事柄すべてが連弾ピアノの中で響く。こうして大編成の音楽が小編成の響きに変えられた。その一方で弦楽四重奏やその他の室内楽が、編成が大きくなるわけではないが、ピアノによって多くの音で豊かにされた例もある。編曲者は四重奏曲の4つのパートに加えて和声を補って4手のピアノパートを創り出し、またその一方で音楽的な全体の印象を貧弱にすることなく、オーケストラの響きを4手のピアノパートに縮小した。こうした連

弾用編曲は、うまくできあがった場合には芸術性の高いものとなった。のちには、これに代わるものとしてレコードが出現した。音楽愛好家たちは編曲によって、歌劇場やコンサートホールのものであった音楽を家に持ち帰り、編成が定められていた音楽を他の形に変えて演奏した。そして、このような連弾用編曲を演奏したのは誰だっただろうか？　音楽愛好家、親子や家族が、音楽的な余暇としてこれを演奏した。連弾用編曲は作曲家たちにとっても重要であった。ブラームスやブルックナーの管弦楽曲は、しばしば彼ら自身によってピアノ連弾用に編曲され、知人たちの集まりで紹介された。この方法によって試演されたと言ってもよいであろう。聴いてくれた人々が好意的な反応を示し、自分でも作品を初めて聴いて満足したら、——多くの場合、明らかに時間を経たのちに——本来のオーケストラ版による演奏が行われた。このように編曲は、150年前のウィーンの多様な音楽事情の一要素であり、音楽のある生活を多彩で変化に富んだものとしていたことがわかる。

10.

当時は音楽の商業化が始まる時代であったということも、忘れてはならない。すでに述べたように、職業音楽家の数がどんどん増え、音楽で食べていける可能性が増大した。さらに印税支払制度が少しずつ整ったことにより、作曲家たちは次第に作品の演奏に対して報酬を得るようになった。これは今日では当然のことであるが、それまでにはなかったことであった。この発展の先駆者が、ウィーン楽友協会である。それまで、作品が演奏されることは作曲家にとって名誉であった。しかしこの時代、作品が演奏されることで

作曲家が報酬を得ることがより重視されたり、あるいは報酬と名誉とが組み合わせて得られるようになった。

II.

　これまでの考察をまとめてみよう。150年前のウィーンの音楽界を特徴づけるのは、多くの巨匠たち——作曲家や演奏家たち——である。時はまさに過渡期であった。多くの事柄が、今の私達には想像できないくらい違っており、多くのことは今日と同様であり、多くのことは変化の途上にあった。過渡期であるがために、非常に魅力的な時代でもある。振り返ってみると、これは音楽がどんどんと日本にもたらされるのにちょうどよい時期であった。音楽界ですでに確立されているものはしっかり安定し、多くの新しいことが起こり始めているという動的な状況により、ウィーンの音楽は、日本という新しい環境でうまく役割を果たし、奇妙なものではなく魅力的なものとして作用し、新しい挑戦にも耐えうる強さを有していた。

　ウィーンには、どんな種類の新しい音楽、聴いたことのない外国の音楽——たとえば日本の琴の音楽——をも受け入れるオープンさがあった（ブラームスと琴については本書の論考03を参照）。またウィーンでは、従来の音楽が新しい音楽に対抗し、新しい音楽と共存できるほどの強さをもっており、外国からの音楽はインスピレーションの源として作用した。ウィーンの音楽の多面性を好奇心をもって受け入れた日本という国は、確かにウィーンとはまったく異なる環境であった。だがウィーンの音楽が、そうした新しい環境下でも定着しうるほどの安定性と強さを有していたことは、確かに歴史が示していると言えよう。

Otto Biba

Vor 150 Jahren, als die diplomatischen Beziehungen zwischen Japan und Österreich aufgenommen wurden, war das Musikleben in Wien in einem großen Wandel begriffen. Es ging vieles in der Musikszene so weiter, wie man es gewohnt war, und es gab viele Neuerungen. Die Stadt selbst hat in dieser Zeit viele Änderungen erfahren. Wien war 1870 nach London, Paris und New York City die viertgröße Stadt der Welt. Hier regierte der Österreichische Kaiser, der in Personalunion auch König von Ungarn, Böhmen, Dalmatien, Galizien, Lodomerien, Illyrien, Kroatien und Slawonien war, und weiters 12 sogenannte Kronländer regierte, also Länder, die meist seit sehr langer Zeit Teile der Habsburger-Monarchie waren. Wien war für dieses große mittel-europäische Herrschaftsgebiet nicht nur politisches Zentrum, sondern die Stadt hatte auch einerseits eine starke kulturelle Anziehungskraft und andererseits eine weit ausstrahlende kulturelle Vorbild-Funktion.

1857 wurde der kaiserliche Befehl gegeben, die Stadtmauern Wiens zu demolieren, die Stadt mit den Vorstädten zu vereinen und überhaupt die Stadt zu erweitern [S. 18, Abb. 8]. Die Einwohnerzahl stieg bis 1870 um 200.000, viele neue Bauten wurden errichtet, auch Kulturbauten und Bauten für die Musik, wie die 1869 eröffnete neue Hofoper (heute: Staatsoper)[S. 20, Abb. 9 / S. 21, Abb. 10] und das 1870 eröffnete Musikvereinsgebäude [S. 22, Abb. 11 / S. 23, Abb. 12] mit seinen zwei Konzertsälen, den Räumlichkeiten für Archiv, Biblio-thek und Sammlungen der Gesellschaft der Musikfreunde und den Unterrichtsräumen des Konservatoriums der Gesellschaft der Musik-freunde. An die Stelle der Stadtmauern trat eine neue Prachtstraße, die „Ringstraße", an der die wichtigsten neuen Bauten platziert wurden. Ihretwegen nannte man diese Zeit die „Ringstraßen-Epoche". Die für sie charakteristische allgemeine Aufbruch-Stimmung dieser Jahre er-griff auch die Künste, unter diesen ganz besonders die Musik, während die bildende Kunst erst nach Abschluss der städtebaulichen Ver-änderungen kurz vor und um 1900 neue Wege zu gehen begann.

Die Musik begann diese neuen Wege schon in den 1860er Jahren zu gehen. Wie in der Baukunst dieser Ringstraßen-Epoche der „Historismus" dominierte, also traditionelle Modelle neu gedeutet und verwendet wurden, erkennen wir auch in der Musik Bestrebungen, aus der Tradition kommend eine aufregende Zukunft zu entwickeln, während andere Bemühungen um Neues mit der Tradition brechen und neu beginnen wollten. Es gab also zum ersten Mal in der Musikgeschichte zwei Stilrichtungen nebeneinander. Freilich gab es auch Komponisten, die als zwischen beiden Richtungen stehend angesehen wurden, wie zum Beispiel Brahms, der den einen zu fortschrittlich und den anderen als zu traditionsverbunden erschien. Insgesamt galt aber Brahms als ein die Romantik fortführender Komponist und Bruckner (wie auch Richard Wagner) als Repräsentanten der „Neudeutschen Schule". Freilich sind das Etikettierungen, die im Detail problematisch sind. Hier sei jedenfalls nur darauf hingewiesen, dass Brahms und Bruckner in Wien als die Galionsfiguren dieser beiden Stilrichtungen galten. Mehr zu den beiden ist im vorliegenden Buch in dem Aufsatz 03 *Brahms und Bruckner* von Ingrid Fuchs zu finden.

Es gab natürlich nicht nur Wagner und Bruckner auf der einen Seite und Brahms auf der anderen. Die Komponisten-Szene war gespalten. Ein Teil der Komponisten war der einen Gruppe zuzuzählen, der andere Teil der anderen Gruppe. Und wenn ein Komponist solche Zuordnungen gar nicht wollte und auch gar keinen Grund dazu sah, die Rezensenten und das Publikum haben solche Zuweisungen jedenfalls vorgenommen. Auf diese Weise wurde jeder Komponist vereinnahmt von den einen und abgelehnt von den anderen.

Diese beiden Stilrichtungen waren in allen musikalischen Gattungen tätig, von der Klavier- und Kammermusik bis zur Orchestermusik, von Lied- und Chormusik bis zu Oper und Oratorium. Das Publikum war von dieser stilistischen Aufspaltung so irritiert, dass die meisten glaubten, sie müssten sich für eine Stilrichtung entscheiden, also eine Stilrichtung bevorzugen und für sie Partei ergreifen und die andere ablehnen. Dieser vermeintliche Zwang zur stilistischen Identifizierung und Partei-Ergreifung finden wir auch in den meisten Zeitungskritiken dieser Zeit und bei den meisten Interpreten. Nur wenige konnten sich davon befreien, um ausschließlich Qualität zu suchen. Exemplarisch für die Objektivität war der Dirigent Hans Richter, der Wagner- wie Brahms-Uraufführungen dirigiert hat.

Und wie ging es weiter? Immer mehr kompositorische Stilrichtungen fanden nebeneinander ihren Platz. Einen typischen „Zeit-Stil" kann man seit den 1860er-Jahren nicht mehr erkennen. Heute gibt es zahlreiche Stilrichtungen nebeneinander – und niemanden irritiert das. Man lässt diese Unterschiede als Abwechslung gelten.

Was war neben der Aufspaltung in zwei Stilrichtungen für die Wiener Musikszene vor 150 Jahren noch charakteristisch?

I.

Das öffentliche Musikleben ist in vielfacher Hinsicht stark gewachsen. Viele musikalische Gattungen, die ursprünglich ihren Platz in der Hausmusik [S. 25, Abb. 13 / S. 26, Abb. 14] und im Hauskonzert [S. 27, Abb. 15] hatten, wanderten in den Konzertsaal [S. 40, Abb. 24], etablierten sich dort und ließen vergessen, dass sie für das private Musizieren bestimmt waren. Das betraf die Kammermusik und das Lied. Die Komponisten haben für diese Gattungen aber auch spieltechnisch immer schwierigere Werke geschrieben. Wer Hausmusik betrieben oder Hauskonzerte veranstaltet hat, wollte zusammenkommen und musizieren. Wenn die neuen Kompositionen so schwierig sind, daß man nicht zusammenkommen und diese Musik musizieren kann, sondern die Werke studieren muss, so widerspricht das der Idee der Hausmusik. Diese Entwicklung begann bei den späten Streichquartetten von Beethoven und kulminierte zum Beispiel in Brahms' Kammermusikwerken. Das Klarinettenquintett von Brahms konnte man nicht vom Blatt spielen wie das Klarinettenquintett von Mozart. Das musste man einstudieren. Einstudieren bedeutete ein berufliches Musizieren und nicht ein Musizieren zur persönlichen Freude.

Das brachte auch mit sich, dass es immer weniger neue Musik gab, die von Laienmusikern gespielt werden konnte, dass also Berufsmusiker immer wichtiger wurden und Laienmusiker in den Hintergrund gedrängt wurden. Während bis etwa 1850 Dilettanten, also ausgebildete Musiker, für die das Musizieren nicht Brotberuf, sondern Freude war, über Berufsmusiker gestellt wurden, erhielt in der zweiten Hälfte des 19. Jahrhunderts der Begriff Dilettant eine negative Bedeutung. So ist es bis heute geblieben. Dilettantisch ist gleichbedeutend mit schlecht. Bis in die Mitte des 19. Jahrhunderts war eine dilettantische Kunstausübung lobenswert, weil man überzeugt war, dass jemand, der Kunst aus Freude und Neigung betreibt, zu einem besseren Ergebnis gelangen muss, als jemand, der Kunst betreibt, um seinen Lebensunterhalt zu sichern. Freilich, Musizieren aus Freude und Neigung verlangt ein spontanes Musizieren und kein Studieren, weil das Studieren, Üben und Erarbeiten eines Werkes dem Musik-Machen den Charakter einer Arbeit gibt. Das ist nicht grundsätzlich schlecht, aber etwas anderes als das Musizieren als wunderschöne Freizeitbeschäftigung. Dennoch, es gab genug nicht-professionelle Kammermusiker, die – bleiben wir bei diesem Beispiel – Brahms' Kammermusik spielen konnten; es war ein Spezifikum Wiens, dass es diese hier in reicher Zahl gab. Sie waren, nicht nur in Wien, sondern auch anderswo, wo immer sie lebten, für den Komponisten und seinen Verleger auch eine kommerzielle Notwendigkeit, weil es gar nicht gelohnt hätte, ausschließlich für die noch relativ kleine Zahl von professionellen Kammermusik-Ensembles kammermusikalische Werke zu publizieren.

Eine Domäne des Laienmusizierens wurde in dieser Epoche vor etwa 150 Jahren die Chormusik, während die anderen musikalischen Gattungen mehr und mehr in die Hände der Berufsmusiker übergegangen sind. Eine spezielle Art von Chormusik ist die Kirchenmusik aller Konfessionen. Auch diese Gattung blieb fest in den Händen von Nicht-Berufs-Musikern.

2.

Nie gab es in Wien so viele Chöre wie in der zweiten Hälfte des 19. Jahrhunderts, also vor etwa 150 Jahren. Gemischte Chöre, Männerchöre, und bald auch – wenn auch nicht so viele – Frauenchöre. Diese Frauenchöre waren wirklich etwas Neues; in ihnen spiegelt sich auch die Emanzipation der Frauen in der Musik. Die Männerchöre erlebten damals ihre größte Blütezeit. Man muss sich das vorstellen: Der Wiener Männergesangverein und die Wiener Philharmoniker wurden als künstlerisch gleichrangige Institutionen angesehen. Und nicht zu vergessen: Sowohl Brahms wie Bruckner – nur um wieder die berühmtesten Namen der Wiener Musikszene dieser Zeit zu nennen – haben neben Werken für gemischten Chor und Orchester auch Kompositionen für Männerchor und Orchester geschrieben.

Für alle diese Chöre wurde von bedeutenden Komponisten und vielen weniger bedeutenden sehr viel Musik komponiert. Chormusik verschiedenster Art und unterschiedlichen Schwierigkeitsgrades wurde von Verlagen auf den Markt gebracht, soviel wie nie zuvor und nie mehr danach. Die Chöre haben ihre Konzerte in der Regel selbst veranstaltet. Diese Chorkonzerte gab es in den klassischen Konzertsälen, aber auch in Mehrzwecksälen, in Tanzsälen und in Sälen großer Restaurants, im Sommer auch als Freiluftkonzerte: Chormusik kam zu den Zuhörern, während in der Regel die Zuhörer zu jeder anderen dargebotenen Musik in den Konzertsaal kamen. Sie haben das übliche Konzertpublikum angezogen, aber auch Schichten der Bevölkerung, die man nur in solchen Chorkonzerten fand. Denn man darf nicht vergessen, dass das Singen in einem Chor auch eine gesellschaftliche Komponente hatte: Man traf sich dort mit Freunden, animierte aber auch andere Freunde, in diese Konzerte zu kommen, in denen man als Chormitglied mitwirkte. Und die Freunde ließen sich gerne animieren.

Die Beliebtheit des Chorgesangs und die breite Rezeption von Chorkonzerten jeder Art ist geradezu ein Charakteristikum jener Epoche, die hier zu behandeln ist. Es ist aber auch festzuhalten, dass Chormusik auch im privaten Kreis gepflegt wurde, das heißt, man sang Chormusik in kleiner Besetzung auch in der Familie und im Freundeskreis. Zum Unterschied von der fünfzig Jahre davor liegenden Biedermeierzeit, als man solistisch besetzte mehrstimmige Vokalmusik (wie zum Beispiel von Schubert, Mendelssohn oder Schumann) sang, sang man jetzt in diesem Milieu auch Chormusik, freilich in kleiner, aber nicht solistischer Besetzung. Dieses Chorsingen im Familien- oder Freundeskreis war ein spontanes Musizieren, ohne feste Organisation und ohne dass diese Chormusik singende Gemeinschaft einen Namen gebraucht hätte.

3.

Die Musikausbildung wurde am Konservatorium der Gesellschaft der Musikfreunde – der führenden musikalischen Ausbildungsstätte – auf ein hohes Niveau gebracht. Aber es gab auch viele Möglichkeiten, das Musizieren auf einem etwas bescheideneren Niveau zu lernen; es gab viele Musikschulen, fast unzählige Lehrer und Lehrerinnen für den Instrumental- oder Gesangsunterricht. Man musizierte mit einer solchen Ausbildung dann nicht so viel Brahms, sondern Komponisten, die bewusst technisch leichter komponiert haben. Sie haben sehr viel Musik komponiert, die stark verbreitet wurde.

Auch die, die nicht das Konservatorium besucht haben, konnten sehr gute Musiker sein. Sie haben aber auch nie beabsichtigt, Berufsmusiker zu werden. Ihr musikalisches Können, für das sie unterrichtet worden waren, wollten sie immer zur eigenen Freude im alleinigen Musizieren oder im Musizieren mit anderen nutzen. Ein gutes Beispiel dafür ist Eugen Freiherr von Ransonnet, jener Diplomat, der 1869 den dem Tenno als Geschenk überbrachten Flügel vorgeführt hat. Das Programm, das er gespielt hat, war technisch überaus anspruchsvoll. Er muss ein guter Klavierspieler gewesen sein. Aber von Beruf war er nicht Pianist, sondern Diplomat. Er war also noch ein Dilettant im alten positiven Sinn des Wortes: Das waren gut ausgebildete Musiker, die mit dem Musizieren nicht ihren Lebensunterhalt verdienen, sondern nur zur Freude Musik betreiben wollten. Erst später bekam dilettantisch eine negative Bedeutung.

4.

Neue Drucktechniken haben Notendrucke in hoher Auflage möglich gemacht. Wiener Musikverlage haben daher – mehr denn je zuvor – für einen überregionalen Markt produziert. Werke von Johann Strauss Sohn, ein weltweit berühmter und beliebter Komponist, der hier als Beispiel genannt sein soll, waren schon sechs Wochen nach ihrem Erscheinen in Wien in New York erhältlich, weil der Transport dorthin raschestmöglich abgewickelt wurde.

5.

In dieser Epoche begann die Trennung zwischen Unterhaltungsmusik und ernster Musik. – Nach meinem Dafürhalten eine unglückliche Trennung. Denn es sollte nur gute oder schlechte Musik geben, ganz gleich für welchen Zweck. Aber Johann Strauss und seine Brüder galten nun einmal als Komponisten, die mit ihren Werken für Unterhaltung sorgen wollten. Sie haben Tanzmusik komponiert, also Walzer zum Tanzen, und Konzertwalzer, also Walzer zum Anhören [S. 28–32, Abb. 16–19]. Aber auch das Anhören sollte Vergnügen bereiten.

Komponisten der sogenannten ernsten Musik haben hingegen Musik geschrieben, die tragisch sein kann, aufregen kann, nicht unterhaltend, aber trotzdem mitreißend ist. Erstmals haben Komponisten

Musik geschrieben, mit der man sich auseinandersetzen musste, die man studieren musste, um sie zu verstehen. Das verlangte ein völlig neues Musikhören.

Nur ein Beispiel: Heute hören wir gerne und jedenfalls problemlos eine Symphonie von Anton Bruckner. Vor 150 Jahren galt die Musik von Bruckner als schwierig zu hören und schwierig zu verstehen. Auch von Johannes Brahms war nicht alles leicht verständlich. Von beiden sind etliche ihrer Werke in Wien bei ihrem ersten Erklingen durchgefallen. Davor gab es das auch schon, aber jetzt wurde das Hören exponierter Werke neuer Musik extrem kompliziert. Schon manche Musik von Mozart galt als schwierig zu hören, insbesondere manche Kammermusik. (Frau Prof. Fuchs hat zu diesem Thema eine wichtige Publikation vorgelegt.) Aber mit oftmaligem Hören gewöhnte man sich daran. In Beethovens Musik gab es oft so viel Neues, dass diese Überraschungen als problematisch galten. Aber man konnte sich bemühen, ihm zu folgen. Schubert war lange gefällig und problemlos, bis er in seinen letzten Jahren weit in die Zukunft weisende Werke schrieb, die alle Konventionen sprengten. Aber was mehr als eine Generation nach Schubert Anton Bruckner schrieb – um bei diesem Beispiel zu bleiben – war nicht zu neu, sondern zu anders und für's erste unverständlich.

6.

Das öffentliche Musikleben hat um 1870 neue Wirkungsstätten bekommen. Am 25. Mai 1869 wurde das neue Gebäude der K. K. Hofoper (heute: Wiener Staatsoper) an der damals im Entstehen begriffenen Ringstraße eröffnet, am 6. Jänner 1870 das neue Musikvereinsgebäude. Das waren nun die wichtigsten, aber nicht die einzigen Gebäude, in denen öffentlich zugängliche Musikproduktionen stattfanden. Opern und Operetten wurden auch in anderen Theatergebäuden gegeben. Für Orchester- und Kammermusikkonzerte standen noch andere Säle zur Verfügung. Eine komplette Topographie öffentlicher Musikdarbietungen in Wien um 1870 würde den Rahmen dieser Übersicht sprengen. Das prominenteste Orchester in der Wiener Konzertszene um 1870 waren die Wiener Philharmoniker, die für ihre selbst veranstalteten Abonnementkonzerte den Großen Musikvereinssaal von der Gesellschaft der Musikfreunde mieteten, sich als Mitglieder des

Hofopernorchesters unter der Bezeichnung Hofopernorchester auch für Konzertauftritte engagieren ließen. Die Chor- und Orchesterkonzerte der Gesellschaft der Musikfreunde wurden vom Orchester der Gesellschaftskonzerte gespielt, das aus Berufsmusikern (Mitgliedern der Wiener Philharmoniker und Professoren am Konservatorium) und aus Dilettanten zusammengestellt war; dass Dilettanten nicht negativ gesehen wurden, davon wird noch die Rede sein. Der Chor dieser Konzerte der Gesellschaft der Musikfreunde war der heute noch bestehende „Singverein". Die Gesellschaft der Musikfreunde bestellte für jede Saison einen Dirigenten, der ihre Konzerte leitete; er führte den Titel Konzertdirektor. Die Namen der rund um das Jahr 1870 tätigen Konzertdirektoren: 1859 bis 1870 war dies Johann Herbeck, der in diesem Jahr als Direktor an die Hofoper wechselte, 1870/71 der als Geiger berühmte Joseph Hellmesberger, im darauffolgenden Jahr der Dirigent, Pianist und Komponist Anton Rubinstein und von 1872 bis 1875 Johannes Brahms. Im Übrigen hatten auch die Wiener Philharmoniker bei ihren Abonnementkonzerten einen Dirigenten für die ganze Saison; in den Jahren 1860 bis 1875 war dies – jedes Jahr neu dafür bestellt – Otto Dessoff.

Weitere namhafte Chöre im öffentlichen Wiener Konzertleben waren die Wiener Singakademie (1863/64 von Johannes Brahms geleitet) und der Wiener Männergesangverein (für den Johann Strauss Sohn im Winter 1866/67 seinen „Donauwalzer" als „Gesangswalzer" und nicht Tanzwalzer komponiert hat). Das berühmteste Kammermusikensemble um diese Zeit war das „Hellmesberger-Quartett", doch gab es neben diesem eine große Anzahl von anderen Kammermusikensembles, wie es auch neben den beiden genannten Orchestern, weitere gab, aus Amateurmusikern (Dilettanten) zusammengesetzt, aber auf beachtenswertem Niveau, wie zum Beispiel der „Orchesterverein der Gesellschaft der Musikfreunde", mit dem gemeinsam Johannes Brahms 1875 aufgetreten ist. Solisten von Weltruf konnten nicht verzichten, regelmäßig nach Wien zu kommen und hier aufzutreten. Um 1870 waren dies Clara Schumann, Joseph Joachim, Hans von Bülow und viele andere.

Wichtig und charakteristisch ist, dass das öffentliche Konzertleben für sogenannte klassische Musik nicht „Hochkultur" war. Von den vielen Sälen, in denen Orchesterkonzerte oder Kammermusik gegeben wurde, lagen etliche nicht im Zentrum der Stadt: Auch in den Vorstädten gab es diese Art von Musik. Oft haben dort auch Kirchenmusik-ensembles profane Konzerte gegeben, woran wir erkennen, dass die Musikpflege gattungsübergreifend war. Übergreifend waren auch die Hauskonzerte: Professionelle Ensembles ließen sich dazu engagieren [S. 27, Abb. 15] und Dilettanten hohen Niveaus haben solche für sich und ihre Gäste bestritten. Bei Hauskonzerten gab es immer zuhörende Besucher, während die Hausmusik ein intimes Musizieren nur zur eigenen Freude und daher ohne Zuhörer war.

Ein Charakteristikum dieser Zeit war auch, dass es viele ver-schiedene Musik an vielerlei Orten gab. Ein Konzert zum konzentrier-ten Zuhören im Konzertsaal und ein Hauskonzert daheim beim eigenen Musizieren. In Gärten und Parks gab es Musikpavillons, wo Orchester zur Unterhaltung der Besucher des Parks musizierten. In Restaurants gab es Musikensembles, die für Tafelmusik sorgten. Auf der Straße hörte man Straßensänger und Straßenmusikanten. Plötzlich konnte eine Militärmusik auf der Straße marschierend daher kommen, die Soldaten auf dem Weg von der Kaserne zum Exerzierplatz oder zurück begleitete. Und es gab für vielerlei Anlässe kirchliche Prozessionen, auch mit Musik. Schließlich nicht zu vergessen: Es gab Leichenzüge, die ohne Musik undenkbar waren. Trauermärsche begleiteten den Toten von der Wohnung, in der er verstorben ist, in die Kirche, wo er mit Gebeten oder in einem Gottesdienst verabschiedet wurde, und von dort zum Friedhof oder; falls er im Spital verstorben ist, nur von der Kirche zum Friedhof. Die Wiener waren diese Omnipräsenz der Musik gewohnt. Aber auswärtige Besucher haben sich oft beklagt, dass man hier keine Ruhe zum konzentrierten Arbeiten hat, weil man immer Musik hört: Durch die Fenster von der Straße alle Arten von Musik in allen Lautstärken, von der Nachbarwohnung, wo ein Kind ein Musik-instrument übt, oder von einer anderen Nachbarwohnung, wo musi-ziert wird.

Viel von dem, was ich eben gesagt habe, erinnert an die Musik-berieselung, die man heute aus Lautsprechern hört, in Restaurants oder in Kaufhäusern zum Beispiel. Diese Omnipräsenz von Musik ist heute mit technischen Mitteln möglich, vor 150 Jahren gab es nur live music: Also sehr viele Möglichkeiten, Musik zu machen und Musik zu hören. Das heißt, etwas was heute selbstverständlich ist – überall ist Musik-Hören möglich –, hat es damals unter ganz anderen Voraussetzungen und aus vielen verschiedenen Gründen auch gegeben. Diese vielen

Möglichkeiten, Musik zu produzieren, haben vielen Musikensembles und vielen Musikern Beschäftigung geboten.

7.

Besonders die sich damals entwickelnde sogenannte Unterhaltungsmusik hat viele Berufsmusiker beschäftigt. Es gab eine Vielzahl von Tanzkapellen; man denkt immer nur an die Kapelle der Brüder Strauss. Aber es gab viele andere Tanzkapellmeister und -komponisten, die auch eine eigene Kapelle hatten, aber heute vergessen sind. Noch im frühen 19. Jahrhundert war Tanzmusik oft Volksmusik. Das blieb auf dem Land so, aber in der Stadt wurde die Tanzmusik professionalisiert, das heißt zu einem Beruf gemacht.

Musikkapellen, die in Parks musizierten, galten auch als Orchester, genau so wie die in Konzertsälen auftretenden Orchester. Sie spielten ein gemischtes Repertoire: Musik aus Opern, Musik aus dem Konzertsaal-Repertoire und Tanzmusik, auch wenn dort nicht getanzt wurde.

Die Musik in den Restaurants und Restaurant-Gärten wurde von Berufs-Musikensembles bestritten, von denen es eine große Zahl gab. Bis hin zur Musik in den typisch Wiener Weinlokalen, die „Heurige" genannt werde. Das berühmteste Ensemble, das beim „Heurigen" musizierte, war jenes von Josef Schrammel. Und dass es keinen Rangunterschied zwischen Schrammels Ensemble und den Wiener Philharmonikern gab, erkennt man aus folgendem Detail: Der berühmte Dirigent Hans Richter, der viele Werke von Bruckner, Wagner und Brahms zur Uraufführung gebracht hat, hat zum Abschluss einer Saison die Wiener Philharmoniker zum Heurigen eingeladen, wo – wie er auf der Einladung schrieb – Schrammel so unvergleichlich musiziert.

8.

Alle diese Arten von Unterhaltungsmusik waren nicht Volksmusik, sondern komponierte Musik, die von einem namentlich genannten Komponisten in Noten fixiert war. Volksmusik hingegen ist im praktischen Musizieren tradierte und improvisierte oder überhaupt ausschließlich improvisierte Musik. Bei Volksliedern sind vielleicht Text und Melodie aufgezeichnet, aber nicht die Begleitung. Und von wem Text und

Melodie stammen, weiß man in der Regel nicht. Es gab auch Volksmusik, nach der man tanzte. Aber auch bei ihr galten die Charakteristika: Komponist unbekannt und außer der Melodie alles von den Interpreten frei zu gestalten. Ja selbst, die Melodie durfte man abwandeln.

An der Grenze von Volks- und Kunstmusik standen die Straßensänger, die Arien aus beliebten Opern sangen, Lieder von Unterhaltungskomponisten und Volkslieder.

9.

Es war also eine musikalisch sehr bunte und vielgestaltige Zeit.

Man hörte Musik in der Oper, im Theater (denn auch bei Sprechstücken gab es Ouvertüren und Zwischenaktmusiken) und im Konzert.

Man machte Musik daheim zur eigenen Freude oder gemeinsam mit anderen Familienmitgliedern und Freunden.

Man hörte Musik in der Kirche. Denn für Katholiken war es damals noch selbstverständlich, jeden Sonntag den Gottesdienst zu besuchen. Und beim Gottesdienst gab es Kirchenmusik. Das heißt, auch jemand, der nicht selbst musizierte, der nicht in Oper und Konzert ging: In der Kirche musste er Musik anhören.

Man hörte Musik in Parks und Gärten, in Restaurants und Kaffeehäusern.

Man hörte Musik auf der Straße, wie bereits erwähnt, aus verschiedenen Gründen.

Die Militärmusik hat damals neue Aufgaben erhalten. Sie war nicht nur kriegerische Musik und, wie ursprünglich, Musik, die den Soldaten Mut machen sollte. Sie konnte auch unterhaltende Musik für Nicht-Soldaten sein. Wenn eine militärische Blasmusikkapelle durch die Straßen zog, so sollte sie für das richtige Marschieren der Soldaten sorgen. Aber sie hat die auf der Straße Vorbeikommenden auch unterhalten. Und Militärmusikapellen haben auch in Gärten von Restaurants oder in Parks zur Unterhaltungsmusik aufgespielt, was Zivilmusikern Auftrittsmöglichkeiten genommen hat, aber ein politisches Anliegen war, weil das Militär popularisiert werden, eine feste Vertrauensbasis zwischen Militär und Bevölkerung geschaffen werden sollte.

Die Tanzmusik war aus verschiedenen Gründen sehr wichtig. Man tanzte nicht nur auf Bällen, sondern Tanz war ein immer passendes gesellschaftliches Freizeit-Vergnügen. Man hörte aber auch Tanzmusik – oder Musik in Tanzrhythmen – zur Unterhaltung, ohne dazu zu tanzen.

Heute kann man dank der technischen Möglichkeiten jede Art von Musik, jede musikalische Gattung und jedes Werk jederzeit hören. Damals war das nicht so. Man konnte nur die Opern hören, die das Opernhaus im Repertoire hatte. Man konnte nur die Orchesterwerke hören, die auf dem Programm von öffentlichen Konzerten standen. Es gab aber eine Möglichkeit, diese Werke auch anders – ohne Opernhaus und ohne Konzertsaal – zu hören: Man spielte sie in Bearbeitungen. Ungeheuer beliebt waren vierhändige Klavierbearbeitungen von Opern oder Symphonien oder Kammermusikwerken. Das Orchester und die Gesangspartien einer Oper waren alle vom Arrangeur in den vier-händigen Klavierpart hineingesteckt. Alles, was in einer Symphonie im Orchester geschieht, erklang im vierhändigen Klaviersatz. Groß be-setzte Musik wurde also im Klang kleiner gemacht, andererseits gab es auch Streichquartette und sonstige Kammermusikwerke in solchen Arrangements, womit diese Musik nicht größer, aber im Klaviersatz mit mehr Stimmen reicher gemacht wurde. Da hatte der Arrangeur die vier Stimmen des Quartetts und noch harmonische Ergänzungen in den vierhändigen Klaviersatz zu geben und andererseits manche Orchesterklänge im vierhändigen Klaviersatz zu eliminieren, ohne dass der Gesamteindruck musikalisch ärmer wird. Diese vierhändigen Klavierarrangements waren, wenn sie gut gemacht wurden, eine hohe Kunst. Sie haben die erst später erfundene Schallplatte ersetzt. Musik-freunde haben damit Musik, die Opern oder Konzertsälen vorbehalten war, nach Hause gebracht oder Musik, die für eine Besetzung bestimmt war, in eine andere transferiert musiziert. Und wer hat solche Arrange-ments für Klavier zu vier Händen musiziert? Musikliebhaber, Eltern mit ihren Kindern, Familienmitglieder zum musikalischen Zeitver-treib. Vierhändige Klavierarrangements waren aber auch für Kompo-nisten wichtig: Orchesterwerke von Brahms wie von Bruckner wurden manchmal von diesen Komponisten in einem vierhändigen Klavier-arrangement einem kleinen Kreis von Kennern vorgestellt, fast könnte man sagen auf diese Weise ausprobiert. Fand das Zustimmung und waren die Komponisten selbst nach diesem ersten Hören mit ihrem Werk zufrieden, dann konnte es – manchmal deutlich später – zu einer Aufführung in der originalen Orchesterfassung kommen. Man sieht, auch diese Arrangements haben für die Vielgestaltigkeit der Wiener

Musikszene vor 150 Jahren gesorgt, auch sie haben das musikalische
Leben bunt und abwechslungsreich gemacht.

10.

Nicht zu vergessen: Damals begann eine neue Kommerzialisierung
der Musik. Es gab, wie schon erwähnt, mehr und mehr Berufsmusiker
oder immer mehr Möglichkeiten, Musik zum Brotberuf zu machen.
Ferner entwickelten sich langsam Tantiemenzahlungen, Komponisten wurden also nach und nach für Aufführungen ihrer Werke bezahlt:
Heute selbstverständlich, bis damals unbekannt. Ein Vorreiter dieser
Entwicklung war die Gesellschaft der Musikfreunde in Wien. Aufgeführt zu werden, war bislang eine Ehre für den Komponisten. In
dem Zeitraum, den wir hier behandeln, wurde die Ehre von der Ver-
dienstmöglichkeit verdrängt oder mit ihr kombiniert.

11.

Ich fasse zusammen: Die Wiener Musikszene vor 150 Jahren war von
vielen großen Meistern – Komponisten wie Interpreten – geprägt. Es

war eine Zeit des Übergangs: Manches war für uns unvorstellbar anders. Manches war so wie heute, manches war in einem Wandel begriffen. Eine Zeit des Übergangs: Das hat diese Epoche so besonders faszinierend gemacht. Rückblickend kann man sagen, das war der richtige Zeitpunkt, dass diese Musik in größerem Maß und starkem Umfang nach Japan gekommen ist. Damals war das Bestehende in der Musikszene absolut gefestigt, und begann so viel Neues in der Musikszene, dass sie beweglich genug war, um in einem neuen Umfeld erfolgreich zu agieren, nicht fremd sondern anziehend zu wirken und stark genug zu sein, um in neuen Herausforderungen zu bestehen.

In Wien war man offen genug, dass jede Art von neuer Musik präsentiert werden konnte, also auch fremde, ausländische Musik, wie zum Beispiel japanische Koto-Musik, worüber in anderen Teilen dieses Buches mehr zu erfahren ist [S. 149]. In Wien war die bestehende Musik stark genug, um sich gegen neue Musik zu behaupten und mit ihr eine Koexistenz einzugehen; Musik von auswärts konnte die hiesige inspirieren. In Japan, wo diese hiesige Musik in allen ihren Facetten mit Neugierde empfangen wurde, sich aber unter völlig neuen Umständen bewähren musste, erwies sie sich als gefestigt und stark genug, um sich unter diesen neuen Umständen tatsächlich zu bewähren.

当時のウィーン音楽界におけるブラームスとブルックナー

イングリット・フックス　　　ウィーンに住んでいた世界的に有名な二人の作曲家、ブラームスとブルックナー［35ページ、図20／42ページ、図27］は、19世紀の最後の30余年間、音楽界の中心にあった。二人は今なお繰り返し比較され、またその音楽と個性が大きく異なっているために、しばしば対立的な存在として捉えられている。

　まず初めに、ブラームスとブルックナーがそれぞれウィーンでどのような社会的・職業的状況にあったのかに光を当ててみよう。そこには本質的な違いがあった。1833年に大都市ハンブルクで生まれ、そこで教育を受けて育ったヨハネス・ブラームスは、数多くの演奏旅行を経験したのち、成功した音楽家として1862年に初めてウィーンを訪れ、1868年以降自由な音楽家としてウィーンに定住することとなった。同じ年、1824年生まれ、つまり8歳年上のブルックナーもウィーンにやってきた。彼は上部オーストリアの田舎で生まれ、そこでオルガニスト、教員として成功していたのだが、ウィーン楽友協会音楽院と宮廷楽団で職を得たため上京したのである［図56、57］。ブラームスがコンサート出演と作品の楽譜出版による報酬で多少経済的に自立していたのに対して、ブルックナーは、生活費を稼ぐために、そして作曲家として交響曲を作曲する仕事に没頭するために、音楽院でオルガンと和声学、対位法を教えなければならなかった。

　すなわち、ブラームスは旅行経験豊かで文学的素養があり、ローベルト・シューマンの有名な文章「新しい道」[1]で名を知られるようになった人物であり、芸術家とのつながりを通して早くからウィーンの社交界にも受け入れられていた。その一方でブルックナーは田舎者で、時に野暮ったく卑屈かつ不適切な振る舞いを見せ、音楽院での教職に加えてウィーン大学でも教えることに執着しその意志を貫いた人物であった。彼はその独創性のゆえに弟子たちから尊敬され愛され、また多くの著名人から称讃と友情を得たが、しか

左 links | 56
ヨハネス・ブラームス
写真：A. ヴィマー
ウィーン 1866/67年
Johannes Brahms
Fotografie von A. Wimmer,
Wien 1866/67

右 rechts | 57
アントン・ブルックナー
写真：K. ヴァイディンガー
リンツ 1868年
Anton Bruckner
Fotografie von K. Weidinger,
Linz 1868

しウィーンの社交界と結びつくことはなかった。

　社会的な地位という点では、ブラームスは二つの理由によりブルックナーよりも有利だった。まず第一に著名なピアニストとしてサロンで歓迎された点、そして第二に個人的な場で演奏するのに適した室内楽の分野に創作の重点を置いていた点である［図58］。当時の音楽生活においては、上流市民層のサロンや家庭音楽会での演奏が重要な役割を果たしていた。ブラームスはこうした機会を利用して自分の作品を発表した。たとえば、有名なテオドール・ビルロート宅の家庭コンサート、あるいは工業一族であるフェリンガー家での音楽の集い等がその例である。そういった場所で出会う人々の中に、作曲家は芸術家や将来の聴衆との知遇を得たのみならず、偶然居合わせた音楽評論家と知り合い、自分の作品を知ってもらう機会となった。

　ブルックナーはその即興のわざにより、特にオルガンのヴィルトゥオーソとして評価され、有名になった［図59］。彼は何度か外国に演奏旅行をして成功し、宮廷楽団のオルガニストとしての仕事の他に、特別な機会に出演してすばらしい即興演奏者として称讃された。しかし、ピアノや室内楽とは違って、オルガンは音楽サロン向きではなかった。彼の作曲の重点が教会音楽、さらに交響曲に置かれると益々その傾向は明らかであった。ブルックナーの芸術創作を繰り返し垣間見ていた彼の弟子たちも、同様にオルガンと交響曲に関心を示した。ブラームスの交友関係がウィーンの高尚な上

流市民層であったのに対して、ブルックナーの親しい取り巻きは何人かの個人的信奉者と弟子たちであった。彼らは、ブルックナーが上流社会とは正反対の外見と生き方をし、型破りで進歩的な音楽を生み出すことを称賛した。

　ブラームスにとって、音楽的伝統に取り組むことは生涯にわたって重要な要素であり、創作の原動力であった。ベートーヴェンとシューベルトの作品がまだ息づいていたウィーンに居を定めた決定的理由のひとつは、そこにあった。それに対してブルックナーは、ジーモン・ゼヒターに学んだのちリヒャルト・ワーグナーの作品に熱心に取り組み、彼自身の言葉によれば「交響曲作曲家としてのライフワーク」[2]を生み出すための道を拓く作曲技法の基礎として、ワーグナーの和声と管弦楽法を学んだ。
　19世紀の後半には、音楽のみならず文化や思想の面においても、進歩派と保守派という二つの党派があった。その論争の中心を占めたのは、ベートーヴェンの真の後継者が誰なのかという疑問であった。進歩派は、特に交響曲第9番のように、歌われる言葉を管弦楽に導入することがベートーヴェンの交響曲のさらなる発展であると考えた。たとえばリヒャルト・ワーグナーの楽劇やリストとベルリオーズの交響詩がその代表作である。これに対して保守

派の人々は、古典的な交響曲をさらに追究したブラームスをベートーヴェンの後継者と考えた。

　保守派と進歩派の争いはウィーンでは激しい展開を見せ、ブラームスとブルックナーの交響曲に見られる大きな違いは、特にこの観点から論じられた。進歩派の主人公であったリヒャルト・ワーグナーが亡くなると、ワグネリアンたちは交響曲作曲家アントン・ブルックナーを「交響曲のワーグナー」として崇め、保守的な音楽傾向をもつ交響曲作曲家ヨハネス・ブラームスと対比した。両派閥の信奉者による過激な態度と、何人かの評論家による辛辣な、時には侮辱的な批評が、両方の派閥と演奏者に、そして聴衆にも影響を及ぼし、しばしばそれがコンサートの成功と失敗の要因となった。

　その結果、19世紀最後の30余年——すなわち日本とオーストリアの国交が樹立された頃——のウィーン音楽界では、ブラームスとブルックナーの交響曲が交替で受容されるようになった。ウィーンでは、二人の作曲家の交響曲は、ほとんどすべてウィーン楽友協会大ホールで演奏された［図60］。演奏したのはウィーン楽友協会管弦楽団、あるいはウィーン・フィルであり、さまざまな指揮者がタクトを取ったが、演奏回数はウィーン・フィルの方がはるかに多かった。特に注目すべきはハンス・リヒター［図61］である。彼は派閥争

いに影響されることなく、ブラームスとブルックナーを同様に評価し、成功の度合いはさまざまではあったが、二人の作品を繰り返し演奏した。

　ではまずブラームスに注目してみよう。彼は1871年に「ドイツ・レクイエム」の全曲演奏を準備し、楽友協会のコンサートで指揮し、1872年にウィーン楽友協会の芸術監督、すなわち演奏会監督兼合唱協会監督に任命された［41ページ、図25］。しかし、管理職の職務に時間をとられて作曲に専念できないという理由で、ブラームスはわずか3年後にこの職を辞している。交響曲第1番 作品68の作曲に考えられないほど長い時間がかかったことは、ブラームスがベートーヴェンの遺産を継ぐ者としての重責を感じ、交響曲というジャンルと格闘していたことを表している。交響曲第1番の初演はウィーンでは行われなかった。ブラームスがこの作品をウィーンの人々に発表する前に、もっと小さい町で試すことを望んだからである。1876年11月4日、ブラームスの友人オットー・デッソフ［図62］がカールスルーエで初演を指揮した。ブラームスの後任としてウィーン楽友協会の芸術監督となったヨハン・ヘルベック［図63］は、すでに早くからブラームスに、交響曲第1番のウィーン初演を楽友協会管弦楽団のコンサートで行ってほしいと頼んできた。ブラームスは、この曲が「本来ウィーン・フィルのもの」[3]だと言いながらも、友情からその要求に応えた。残念ながらヘルベックは練習中にこの作品への熱意を維持することができなくなり、結局1876年のウィーン初演はブラームス自身が指揮したが、成功しなかった。

　ヨハネス・ブラームスの創作では同じジャンルの二つの作品を比較的短い間に続けて作曲する傾向が見られ、交響曲の分野でもそれが言える。長い年月をかけて完成した交響曲第1番に続いて、彼は1877年夏の短い間に交響曲第2番 作品73を作曲した。この作品は第1番とは異なり、同時代の人々や評論家、友人たちの好む曲想で、前向きに評価された。この曲の初演はウィーン・フィルが引き受け、作曲家の希望によりハンス・リヒターの指揮で1877年12月30日に初演されて、満足のいく成功が得られた。ブラームスは喜んで次のように報告している[4]。「このオーケストラは喜びをも

って練習し、演奏して、私を賞讃してくれた。これは、これまでにないことであった」。

　これに対して、ウィーン・フィルは第2番の初演の後に内部で激しい論議を重ねたのち、初めて交響曲第1番をプログラムにとりあげた。1878年12月15日にまたもやハンス・リヒターが指揮したコンサートは明らかな大失敗に終わった。聴衆の一部はブラームスの交響曲の途中で抗議を込めてホールを後にした。彼らはブラームスの音楽が新しく難しすぎると感じ、加えて党派的な報道の批判にも惑わされた。ブラームスが亡くなるまでの間に、交響曲第1番はあと3回ウィーン・フィルのプログラムにとりあげられ、どれもハンス・リヒターが指揮した。しかしこれらの再演も聴衆や評論家に感動を呼び起こすことはなかった。これについてブラームスは、友人のリヒャルト・ホイベルガー[5] に次のように述べている。「これほどいつも失敗するのは、本当に不愉快だ。自分にとってのあらゆる原則が間違っているのではないかと思えてくる」。しかし、1883年12月2日にハンス・リヒターが指揮したウィーン・フィルによる交響曲第3番 作品90は、ブラームスにとってウィーンにおける最も大きな成功をもたらした。これによりブラームスとウィーン・フィル、そしてハンス・リヒターの友情は再び深まった。

　この成功にもかかわらず、ブラームスは交響曲第4番 作品98の演奏をウィーン・フィルに任せなかった。ハンス・フォン・ビューローとマイニンゲン宮廷楽団とともに慎重に練習した後、1885年10月25日にマイニンゲンで初演を指揮し、大成功を収めた。これに対して、ウィーンでの初演――1886年1月17日にハンス・リヒターがウィーン・フィルを指揮した――の成功はそれほど大きなものではなく、ブラームスは、指揮者とオーケストラが練習に費やした時間が短く、満足できるレベルの演奏でなかったことに不満を漏らした。その結果、交響曲第4番はウィーン・フィルの演奏会でさらに2回演奏され、結局1897年3月7日にハンス・リヒターが指揮した演奏が、すでに重病であったブラームスが生前に聴きに行った最後のものとなった。この夜の演奏について、エドゥアルト・ハンスリックは深い感動とともに以下のように伝えている[6]。

第1楽章が終わるとすぐに嵐のような喝采があまり長く続いたので、ついにブラームスが事務局の桟敷席の後方から姿を現し、感謝を込めて会釈をしなければならなかった。このような喝采が各楽章の後に繰り返され、フィナーレの後には収まらずに延々と続いた。平常時には見られないこれほどの賞賛が寄せられたのは、交響曲第4番がまったく知られていなかったがためでもある。（…）1886年のウィーン初演で冷遇されたがこの作品は輝かしい成功を収めうると評価していた我々楽友は、ブラームスが勝利をかちえたことに名状しがたい喜びを感じている。

　では次に、アントン・ブルックナーの交響曲の演奏に目を向けてみよう。ブルックナーの交響曲も、ウィーンのコンサート・ライフの中で波乱に富んだ運命をたどった。ウィーンで演奏された最初のブルックナーの交響曲は第2番である。ブラームスの友人であるオットー・デッソフ［図62］が指揮するウィーン・フィルは、最初この曲の演奏を拒絶した。しかし、1873年のウィーン万博の最後に、何人かの後援者の仲介と財政援助により、ウィーン・フィルはブルックナーの指揮により1873年10月26日に交響曲第2番を初演した。聴衆も演奏者たちもこの作品をきわめて好意的に受け止めたが、批評家の判断はさまざまであった。

　　ブルックナーは崇拝するリヒャルト・ワーグナーに交響曲第3番を献呈したが、オットー・デッソフとウィーン・フィルに何度も演奏を拒否されたため、この曲は作曲家により多くの修正が加えられることとなった。結局、いつもブルックナーを特別に支援していたヨハン・ヘルベック［図63］が、ブルックナー自身が「ワーグナー交響曲」と銘打った第3番［図64］を1877年12月にウィーン楽友協会コンサートのプログラムに取り上げた。しかしヘルベックは本番の直前に突然亡くなってしまう。そのため、ブルックナーは、オーケストラの指揮者としてプロではなかったにもかかわらず、要求の高いこの作品を自分で指揮しなければならなかった。聴衆の中にはワーグナーまたはブルックナーに対して激しい反感をもっているグループがいて、演奏中に騒がしくホールから出ていった。しかしこの不運な初演の場

には、ブルックナーの弟子や親しい友人から成る支持者たちの小グループもいて、ブルックナーを慰めた。その中にはグスタフ・マーラーがおり、コンサートの直後に交響曲第3番のピアノ連弾用編曲版を作成した。党派争いのやり玉に挙がったこの作品は根底的に改訂され、再びハンス・リヒターによって演奏された。それは1890年になってからのことではあるが、交響曲第3番の第3稿をウィーン・フィルが初演し、大成功を収めた。

　今日ブルックナーの交響曲の中で最も親しまれている作品に数えられる交響曲第4番の初演は、第3番の初演とは反対に、1881年2月20日にハンス・リヒターの指揮、ウィーン・フィルの演奏によって行われ、大成功を収めた。交響曲第5番と第6番は、ブルックナーの生存中にはオリジナルの形で、あるいは全曲がウィーンで演奏されることはなかった。交響曲第9番は未完で、ブルックナーの死後に初めて初演された。これに対して交響曲第7番は画期的な成功を収めたが、初演地はウィーンではなかった。1884年にライプツィッヒでアルトゥール・ニキシュ[図65]指揮、ゲヴァントハウス管弦楽団が初演して大成功を収め、その後、他のドイツの都市で何度か演奏された好評を博した。交響曲第7番がウィーンで演奏されたのはその2年後になってからのことで、1886年にハンス・リヒター

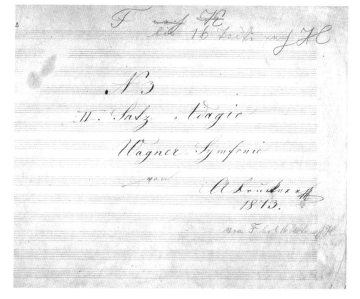

64
アントン・ブルックナー 交響曲第3番
自筆スコア
第2楽章の表紙にブルックナーの自筆により「ワーグナー交響曲」と題されている。
Anton Bruckner
Dritte Symphonie, Titelseite des Adagio,
mit eh. Bezeichnung Bruckners als „Wagner-Symfonie"
Autograph

の指揮で演奏された。ブルックナーは敵対的な報道に不安を感じ、
外国での成功が台無しになることを恐れて、ウィーンでの演奏に反
対した。確かにウィーンの批評家たちの審判はさらに否定的であっ
たが、それでもブルックナーのヨーロッパでの成功を妨げることはな
かった。交響曲第7番は一般聴衆に受け入れられたために、第8
番とは対照的に、作曲家による改訂が最も少ない作品となった。
　ブルックナーは、1887年9月に演奏されることを願って、交響曲
第8番の完全なスコアをミュンヘンのヘルマン・レーヴィ［46-47ペー
ジ、図31／図66］に送った。レーヴィは第7番を指揮して成功していた
が、第8番の楽譜を見て愕然とした。近しい存在であった指揮者
のレーヴィに演奏を拒絶されたため、ブルックナーは大きな衝撃を
受け、徹底的な改訂作業にとりかかった［43ページ、図28］。こうし
てでき上った交響曲第8番第2稿を演奏してもらうことを期待して、
彼は1891年に指揮者フェリックス・ワインガルトナー［45ページ、図30
／図67］に楽譜を送った。しかし、演奏の計画はワインガルトナーが
マンハイムでの職を辞したために実現しなかった。結局1892年に
ハンス・リヒターがウィーン・フィルを指揮して初演が行われ、ブル
ックナーに大成功をもたらした。オットー・ベーラーの切り絵［図68］
には、指揮するハンス・リヒターの姿が描かれている。彼は演奏の
最後にブルックナーを舞台に呼び出し、固辞する作曲家に、自ら
喝采を受けるようにと促した。結局ブルックナーは勝利の冠を受け
取り、身をかがめるハンス・リヒターの手を取った。新聞の批評は、
依然として進歩派と保守派の争いの色が濃かった。たとえば、ブル
ックナー自身が（たとえば上述のワインガルトナー宛の手紙に）記しているよ

うに、音楽について標題音楽的、あるいは描写的な捉え方をすることが妥当かどうかについての論議が盛り上がった。しかし、自ら批判的と自負する批評家たちも、この交響曲が高い質と古典性を具えていることを認めている。

　ヨハネス・ブラームスさえもが、交響曲第8番のピアノ編曲版を出版社に注文した[44ページ、図29]という事実は、その重要性を認識していたことの表れであろう。最後に確認しておかなければならないのは、ブラームスとブルックナーの当人たちは二人とも、党派争いからできるだけ距離を取っていたということである。論争は彼らの信奉者たちの間で生まれたのであり、彼ら二人の間で生まれたものではなかった。彼らはそれぞれの音楽様式を本当に理解することはなかったにしても、互いに尊敬しあう間柄だったのである。

68
ブルックナーの交響曲を指揮する
ハンス・リヒター
シルエット：オットー・ベーラー
ウィーン 年代不明
Hans Richter dirigiert eine
Bruckner-Symphonie
Dr. Otto Böhler's Schatten-
bilder, Wien o.J.

69
田中正平
自筆署名入り写真　1892年
Shohei Tanaka
Unbezeichnete Fotografie,
mit eh. Signatur, 1892

　まずはブルックナーとつながりのある作曲家・ヴァイオリニスト・オルガニストのルドルフ・ディットリヒ[54ページ、図40]に目を向けてみよう。ディットリヒはウィーン楽友協会音楽院でブルックナーにオルガンと対位法を学び[55ページ、図43]、東京音楽学校に招聘された。ディットリヒは、日本で仕事をすることに決まったと師に伝えた時、明らかに遠い異国であったため、ブルックナーは少し機嫌が悪かったと回想している[7]。1894年にディットリヒがウィーンに帰国し恩師を訪ねたときには、敬虔なカトリック教徒であるブルックナーは、日本にもキリスト教徒がいるのか、日本で亡くなったディットリヒの妻ペトロニッラがキリスト教式に埋葬されたのかと尋ね、ディットリヒはその二つの質問に「そうです」と答えて師を安心させた。

　ブルックナーと日本の関係としてもうひとつ言及に値することは、日本の物理学者・音楽理論家・発明家である田中正平[図69]と知り合ったことである。田中正平は有名なヘルマン・ヘルムホルツ教授とカール・シュトゥンプフ教授の下でベルリンで物理学と音響学を学び、純正律（平均律とは反対の調律法）の研究に集中的に取り組んだ。これを実用化するために、彼は「エンハルモニウム」と名付けた一種のオルガンを作り[図70]、ヨーロッパの各都市で演奏して見せた。1890年夏にはウィーンにも来ている。この楽器はまずウィーン楽友協会音楽院で陳列された[8]。だがその時ブルックナーはウィーンにいなかった。弟子のフリードリヒ・エックシュタインの回想によれば[9]、田中正平は秋に個人的にブルックナーを訪問したようだ。田中はブルックナーにさまざまな贈り物と共に論文を手渡し、エンハルモニウムが置いてある日本公使館に一緒に行くようにと説得した。控えめなブルックナーは豪華な公使館で仰々しくもてなされ、田中はエンハルモニウムで『ローエングリン』の前奏曲を純正律で演奏した。ブルックナーは、特に、平均律で調律された通常のハルモニウムと比較した際にその音響の相違に圧倒され、田中が

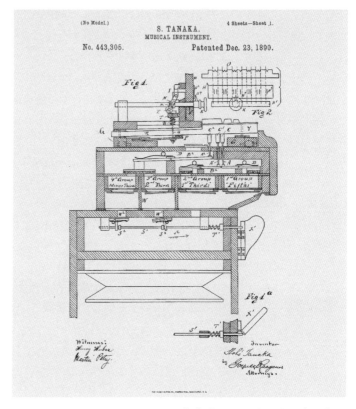

70
エンハルモニウムの構造図
田中正平
楽器
アメリカ合衆国特許443305
1890年12月23日
Enharmonium Zeichnung
S. Tanaka,
Musical Instrument,
United States Patent 443 305,
23. Dezember 1890

エンハルモニウムのために用いた半音階的な和声進行を書き留めた。ブルックナーは、田中の発明した楽器が理想的な響きのイメージを実現できることに感動したものの、53段階の調律があり、きわめて演奏が難しいため、この楽器との出会いは一度だけで終わることとなった。

　フリードリヒ・エックシュタインの回想では、エンハルモニウムは当時の日本公使戸田氏共伯爵の妻、極子夫人の部屋に置かれていた[図71]。彼女は音楽の才能と感性を具えた女性で、ブルックナーとブラームスとを結びつけるつなぎ目となった。というのも、彼女はブラームスの前で日本の旋律を琴で演奏したのだ[52-53ページ、図38]。戸田極子伯爵夫人は、ピアニストのハインリッヒ・ボックレットにピアノを習っていた。ボックレットの父親はシューベルトの友人の一人である。彼女はボックレットに琴の旋律の手書き譜をわたし、彼はそれに和声をつけてピアノ用に編曲した。ボックレット

は日本の旋律のピアノ編曲を、1888年に『日本の民族音楽』という
タイトルで出版し、それを「日本皇国の在ウィーン公使、戸田伯爵
閣下」に献呈した［50ページ、図36／51ページ、図37］。

　民族音楽に大きな関心を抱いていたヨハネス・ブラームスは、ボ
ックレットの楽譜を手にして、日本の旋律が自由に編曲され過ぎて
いるのではないかという疑念を抱いた。そこで、極子伯爵夫人が
琴で原曲の旋律を演奏するのを聞いて、自分の楽譜に異同を書き
込んだ。「宮様」［図72上］には「琴の旋律　原曲どおり（原曲には伴奏
が無く単旋律）」と記され、「六段」［図72下］には「原曲と完全には一致
しない」と記されている。ヨハネス・ブラームスがこのように書き込ん
だボックレットの楽譜は、その遺品とともにウィーン楽友協会アルヒー
フに所蔵されている。これを含むブラームス・コレクションは、2005
年にユネスコ世界記録遺産に登録された。

　19世紀末のウィーンにおいて日本の文化が積極的に捉えられ
たことは注目すべきである。国交樹立によりオーストリアと日本の
間には活発な文化交流が始まった。ルドルフ・ディットリヒが日本
で活動した一方で、オーストリアにやってきた日本人は当時の重
要な作曲家二人――ブラームスとブルックナー――と接触したの
である。

71
ウィーン時代の戸田極子伯爵夫人
写真　1890年
Gräfin Kiwako Toda in Wien
Fotografie, 1890

72
ハインリヒ・フォン・ボックレット編
『日本の民族音楽』
手書きのオリジナルに基づいて和
声付けされた歌と器楽曲のピアノ
演奏用編曲
ウィーン 1888年
ヨハネス・ブラームスの所蔵本
自筆書き込みのある「宮様」と「六段」
のページ
Heinrich von Bocklet
Japanische Volksmusik, Wien
1888, aus dem Nachlass von
Johannes Brahms, „Miyasama"
und „Rokudan," mit eh. Notizen
von Johannes Brahms

　　　　　　　　　　　　　　　註

1　ローベルト・シューマン「新しい道」『音楽新報』39/18、1853年10月
　　28日、185ページ

2　アントン・ブルックナーからレオ・ジーモン・ライニッシュ宛の手紙、
　　1891年10月19日

3　ヨハネス・ブラームスからヨハン・ヘルベック宛の手紙、1876年10月

4　ヨハネス・ブラームスからフリッツ・ジムロック宛の手紙、1877年12月
　　30日

5　クルト・ホフマン編『リヒャルト・ホイベルガー　ヨハネス・ブラームス
　　の思い出』第2版、トゥッツィング、1976年、16ページ

6　エドゥアルト・ハンスリック「ブラームスの最後の日々」『ノイエ・フライ
　　エ・プレッセ』1897年4月4日、2ページ

7　ルドルフ・ディットリヒ［回想］、アウグスト・ゲラリッヒ／マックス・アウ
　　アー『アントン・ブルックナー　その人生と創作』4/1、レーゲンスブル
　　ク、1936年、589ページ

8　1890年7月11日のウィーン新聞および新自由新聞の記事によれば、
　　田中正平は7月10日にエンハルモニウムを楽友協会音楽院の教員た
　　ちに紹介し、7月11日の午後4時には興味のある一般の人々に無料で
　　見せた。エンハルモニウムは「演劇学校ホール」に置かれた。このホー
　　ルは、楽友協会の建物の古い図面から判断すると、ベーゼンドルファ
　　ーシュトラーセ（当時はギゼラシュトラーセ）に面した側の1階にあった
　　と考えられる。ホールはそのままの形では現存せず他の部屋に改築さ
　　れてしまっているが、およそ90㎡の広さであった。

9　フリードリヒ・エックシュタイン『アントン・ブルックナーの思い出』ウィー
　　ン、1923年、38-40ページ

Brahms und Bruckner in der Musikszene ihrer Zeit

Ingrid Fuchs

Zwei in Wien lebende, weltberühmte Komponisten – Brahms und Bruckner [S. 35, Abb. 20 / S. 42, Abb. 27], die im Zentrum der Musikszene des letzten Drittels des 19. Jahrhunderts standen, wurden immer wieder miteinander verglichen, aber aufgrund der großen Unterschiede ihrer Musik und ihrer Persönlichkeit auch häufig gegeneinander ausgespielt.

Zunächst soll die jeweilige gesellschaftliche und berufliche Situation von Brahms und Bruckner in Wien skizziert werden, die sich wesentlich voneinander unterscheiden. Der in der Großstadt Hamburg 1833 geborene und ausgebildete Johannes Brahms kam nach zahlreichen Konzertreisen bereits als arrivierter Musiker 1862 zum ersten Mal nach Wien, wo er sich schließlich 1868 endgültig niederließ und als freischaffender Künstler lebte. Im selben Jahr übersiedelte auch der um acht Jahre ältere, 1824 geborene, aus ländlicher Umgebung Oberösterreichs stammende und dort als Organist und Lehrer erfolgreich wirkende Anton Bruckner nach Wien, wo er seine Stelle am Konservatorium der Gesellschaft der Musikfreunde und in der Hofkapelle antrat [S. 127, Abb. 56 und 57]. Während Brahms durch seine Konzertauftritte, vor allem aber durch die Honorare seiner bereits im Druck erschienenen Werke mehr oder weniger finanziell unabhängig war, unterrichtete Bruckner Orgel, Harmonielehre und Kontrapunkt am Konservatorium, um seinen Lebensunterhalt zu finanzieren und sich dadurch seiner wahren Berufung als Komponist symphonischer Werke widmen zu können.

Wir haben also auf der einen Seite den weitgereisten, literarisch gebildeten, durch den berühmten Aufsatz Robert Schumanns „Neue Bahnen"[1] in der Öffentlichkeit stehenden Brahms, der aufgrund seiner Künstlerkontakte schon früh in die gehobene Gesellschaft Wiens aufgenommen wurde, auf der anderen Seite den aus der Provinz stammenden, sich oft ungeschickt, unterwürfig, aber auch unangepasst verhaltenden Bruckner, der sich mit Hartnäckigkeit neben seiner Professur am Konservatorium ein Lektorat an der Universität erkämpfte. Da wie dort wurde er von seinen Studenten wegen seiner Originalität verehrt und geliebt, hatte jedoch kaum Zugang zur etablierten Wiener Gesellschaft, auch wenn er die Anerkennung und Freundschaft von so manchen bedeutenden Persönlichkeiten erringen konnte.

Hinsichtlich der gesellschaftlichen Stellung war Brahms aus zwei Gründen im Vorteil gegenüber Bruckner: Erstens war er als anerkannter Pianist gern gesehener Gast in den Salons und zweitens lag ein Schwerpunkt seines Schaffens auf der Kammermusik, die sich ebenfalls besonders gut für Aufführungen in privatem Rahmen eignet [S. 128, Abb. 58]. Das Musizieren in Salons und bei Hauskonzerten in gehobenen bürgerlichen Kreisen spielte im damaligen Musikleben eine wichtige Rolle. Brahms nutzte diese Gelegenheiten, um seine Werke zu präsentieren – man denke beispielsweise an die Hauskonzerte bei dem berühmten Theodor Billroth oder die musikalischen Zusammenkünfte im Hause der Industriellenfamilie Fellinger. Dort konnte der Komponist unter den Gästen nicht nur mit Künstlern und potentiellen Konzertbesuchern Kontakt pflegen, sondern häufig auch mit fallweise anwesenden Musikkritikern, die auf diese Weise mit seinem Schaffen vertraut wurden.

Bruckner war – namentlich aufgrund seiner Improvisationskunst – vor allem als Orgelvirtuose anerkannt und berühmt. [S. 128, Abb. 59] Er unternahm etliche überaus erfolgreiche Konzertreisen ins Ausland und ist auch in Wien neben seiner Tätigkeit als Organist der Hofkapelle immer wieder bei besonderen Anlässen aufgetreten, bei denen er vornehmlich als großartiger Improvisator bewundert wurde. Aber die Orgel eignet sich im Gegensatz zum Klavier und zur Kammermusik nicht für den Musikalischen Salon, genauso wenig wie seine Kompositionen mit dem Schwerpunkt Kirchenmusik und noch weniger seine Symphonien. Doch genau für diese interessierten sich seine Studenten, denen er während seines überaus strengen Unterrichts auch immer wieder Einblick in sein künstlerisches Schaffen gewährte. Während Brahms' Freundeskreis dem eleganten Wiener Großbürgertum angehörte, stand Bruckner in freundschaftlichem Verkehr mit ein paar persönlichen Anhängern und seinen Studenten, die ihn wegen seiner dem Establishment diametral entgegenstehenden äußeren Erscheinung und Lebensart genauso bewunderten wie seine unkonventionelle, progressive Musik.

Für Brahms war die Auseinandersetzung mit der musikalischen Tradition sein Leben lang ein wichtiges Element und Triebkraft seines Schaffens, ja dies war auch einer der ausschlaggebenden Gründe gewesen, in Wien sesshaft zu werden, wo das Werk Beethovens und Schuberts noch lebendig war. Bruckner hatte sich dagegen nach seinen Studien bei Simon Sechter ausgiebig mit dem Werk Richard Wagners beschäftigt und namentlich dessen Harmonik und Instrumentation studiert, um die kompositionstechnischen Grundlagen für den Weg zu seinem – nach eigenen Worten – „Lebensberuf als Symphoniker"[2] zu schaffen.

In der zweiten Hälfte des 19. Jahrhunderts standen sich nicht nur in der Musik, sondern ganz allgemein im Kultur- und Geistesleben zwei Parteien gegenüber, die Progressiven und die Konservativen, in deren Diskussionen die Frage nach der wahren Beethoven-Nachfolge eine große Rolle spielte. Die Progressiven vertraten die Ansicht, dass sich die Weiterführung der Beethovenschen Symphonik, im speziellen der 9. Symphonie mit der Einbeziehung des gesungenen Wortes, ausschließlich im musikalischen Drama Richard Wagners bzw. in den symphonischen Dichtungen vor allem bei Liszt und Berlioz manifestiere, während die Konservativen, denen Brahms zugerechnet wurde, die Beethoven-Nachfolge in der Weiterführung der klassischen Symphonie selbst sahen.

Der sogenannte Parteienstreit zwischen Konservativen und Progressiven wurde in Wien mit großer Heftigkeit geführt und die große Unterschiedlichkeit der Symphonien Brahms und Bruckners vornehmlich unter diesem Aspekt diskutiert. Nach dem Tod Richard Wagners, dem Protagonisten der Progressiven, wurde der Symphoniker Anton Bruckner von den Wagnerianern zum „Wagner der Symphonie" hochstilisiert und dem Symphoniker Johannes Brahms, dem Vertreter der konservativen Musikrichtung, gegenübergestellt. Das fanatische Benehmen der Anhänger beider Parteien und die oft allzu scharfen, ja mitunter beleidigenden Kritiken einiger Rezensenten auf beiden(!) Seiten beeinflussten sowohl die ausführenden Musiker wie die Konzertbesucher und entschieden damit häufig über Erfolg und Misserfolg einer Aufführung.

In der Folge soll nun die überaus wechselhafte Rezeption der Symphonien Brahms' und Bruckners in der Wiener Musikszene der letzten drei Jahrzehnte des 19. Jahrhunderts kurz dargestellt werden, also in der Zeit des Beginns der musikalischen Beziehungen zwischen

Japan und Österreich. Fast alle Wiener Aufführungen der Symphonien der beiden Komponisten fanden im Großen Musikvereinssaal statt [S.129, Abb. 60], gespielt haben entweder das Gesellschaftsorchester der Gesellschaft der Musikfreunde und, weitaus häufiger, die Wiener Philharmoniker unter verschiedenen Dirigenten. Besonders hervorzuheben ist Hans Richter [S.129, Abb. 61], der Brahms und Bruckner – unbeeinflusst vom Parteienstreit – gleichermaßen schätzte und deren Werke, wenn auch mit unterschiedlichem Erfolg, immer wieder aufführte.

Wenden wir uns zunächst Brahms zu, der 1871 die erste vollständige Aufführung des „Deutschen Requiem" einstudiert und in einem Gesellschaftskonzert dirigiert hatte und 1872 zum Artistischen Direktor der Gesellschaft der Musikfreunde, d. h. Konzertdirektor und Leiter des Singvereins ernannt worden war [S. 41, Abb. 25]. Brahms legte diese Funktion aber bereits nach drei Jahren aufgrund der ihn beim Komponieren behindernden, zeitaufwändigen administrativen Pflichten wieder zurück. – Die ungewöhnlich lange Entstehungszeit der 1. Symphonie op. 68 spiegelt Brahms' Ringen um die symphonische Gattung deutlich wider, da er sich durch das Erbe Beethovens schwer belastet fühlte. Die Uraufführung der 1. Symphonie fand nicht in Wien statt, da der Komponist das Werk zuerst in einer kleineren Stadt ausprobieren wollte, bevor er es den Wienern präsentierte: Am 4. November 1876 dirigierte Brahms' Freund Otto Dessoff [S. 130, Abb. 62] in Karlsruhe die Uraufführung. Johann Herbeck [S. 130, Abb. 63], nach Brahms' Weggang nun der Artistische Direktor der Gesellschaft der Musikfreunde, hatte sich schon frühzeitig an Brahms gewandt und diesen um die Wiener Erstaufführung des Werkes in den Gesellschaftskonzerten durch das Orchester der Gesellschaft der Musikfreunde gebeten. Brahms erfüllte ihm aus Freundschaft die Bitte, obzwar er meinte, dass die Orchesterwerke „eigentlich den Philharmonikern" gehörten.[3] Bedauerlicher Weise konnte Herbeck jedoch im Verlauf der Proben keine rechte Beziehung zu dem Werk aufbauen, sodass die schließlich von Brahms selbst geleitete Wiener Erstaufführung am 17. Dezember 1876 kein Erfolg wurde.

Wie häufig im Schaffen von Johannes Brahms, lässt sich auch im Bereich der Symphonik die Tendenz erkennen, zwei Werke einer Gattung relativ knapp hintereinander zu komponieren: Auf die nach jahrelangem Ringen entstandene 1. Symphonie komponierte er in kürzester Zeit im Sommer 1877 die 2. Symphonie op. 73, deren andersartiger, freundlicherer Charakter von den Zeitgenossen, Kritikern und Freunden, positiv begrüßt wurde. Dieses Mal übernahmen die Wiener Philharmoniker die Uraufführung, die am 30. Dezember 1877 Hans Richter auf Wunsch des Komponisten dirigierte und zu einem zufriedenstellenden Erfolg führte. Brahms berichtete darüber hoch erfreut[4]: „Das Orchester hier hat mit einer Wollust geübt und gespielt und mich gelobt, wie es mir noch nie passiert ist."

Die 1. Symphonie haben die Wiener Philharmonikern dagegen erst nach der Uraufführung der 2. und nach heftigen internen Diskussionen aufs Programm gesetzt: Das Konzert am 15. Dezember 1878, abermals von Hans Richter geleitet, wurde schließlich ein eklatanter Misserfolg, ja ein Teil des Publikums verließ bei der Brahms'schen Symphonie sogar demonstrativ den Saal: zu fremd, zu neu und zu schwierig erschien den Zuhörern damals Brahms' Musik und zu sehr waren sie wohl auch durch die Urteile der parteiischen Presse verunsichert. Bis zu Brahms' Tod stand die 1. Symphonie zwar noch drei Mal auf dem Programm der Wiener Philharmoniker, jeweils dirigiert von Hans Richter, aber auch diese Reprisen riefen bei Publikum und Kritik keine Begeisterung hervor. Brahms bemerkte dazu gegenüber dem befreundeten Richard Heuberger[5]: „Es ist doch was Unangenehmes, wenn man so regelmäßig durchfällt. Es macht einen trotz aller Grundsätze stutzig." – Die von den Wiener Philharmonikern unter Hans Richter gespielte Uraufführung der 3. Symphonie op. 90 am 2. Dezember 1883 wurde dann aber zum größten Erfolg, den Brahms bis dahin in Wien feiern konnte, wodurch sich auch die Freundschaft des Komponisten zu den Wiener Philharmonikern und zu Hans Richter wieder vertiefte.

Trotz dieses Erfolges überließ aber Brahms die 4. Symphonie op. 98 jedoch nicht den Wiener Philharmonikern, sondern studierte diese gemeinsam mit Hans von Bülow und der Meininger Hofkapelle sorgfältig ein und dirigierte schließlich selbst am 25. Oktober 1885 in Meiningen die Uraufführung, die sich zu einem großen Triumph für Brahms gestaltete. Der Erfolg der Wiener Erstaufführung dagegen – Hans Richter dirigierte am 17. Jänner 1886 die Wiener Philharmoniker – muss als sehr gemäßigt bezeichnet werden, wobei Brahms über die Kürze der von Dirigent und Orchester investierten Probenzeit und die ihn nicht befriedigende Qualität der Aufführung ziemlich verstimmt war. Die 4. Symphonie stand in der Folge noch zwei Mal auf dem Programm der Wiener Philharmoniker, und schließlich dirigierte Hans Richter das Werk am 7. März 1897 in jenem Konzert, das Johannes Brahms bereits schwerkrank als allerletztes vor seinem Tod besuchte. Eduard Hanslick berichtet tief beeindruckt von diesem Abend darüber[6]: „Gleich nach dem ersten Satz erhob sich ein Beifallssturm, so anhaltend, daß Brahms endlich aus dem Hintergrund der Directions-Loge vortreten und sich dankend verneigen mußte. Diese Ovation wiederholte sich nach jedem der vier Sätze und wollte nach dem Finale kein Ende nehmen. Diese ganz außergewöhnliche Huldigung wirkte umso stärker, als gerade seine E-Moll-Symphonie niemals populär gewesen ist […]. Wir Freunde, die wir an der ersten kalten Aufnahme dieses Werkes im Jahr 1886 nun diesen glänzenden Erfolg messen konnten, freuten uns für Brahms unsäglich über diesen Triumph."

Doch nun zu den Aufführungen der Symphonien Anton Bruckners im Wiener Konzertleben, denen ebenfalls ein wechselvolles Schicksal beschieden war. Die erste Bruckner-Symphonie, die in Wien aufgeführt wurde, war seine 2. Symphonie, die die Wiener Philharmoniker unter Otto Dessoff [S. 130, Abb. 62] – wie erwähnt ein Freund von Brahms – zunächst abgelehnt hatten. Aber zum Abschluss der Wiener Weltausstellung im Jahr 1873 spielten – dank der Vermittlung und der finanziellen Hilfe einiger Gönner – dann doch die Wiener Philharmoniker unter Bruckners Leitung am 26. Oktober 1873 die Uraufführung der 2. Symphonie. Das Werk stieß beim Publikum und bei den Musikern auf äußerst positive Resonanz, das Urteil der Presse war jedoch gespalten.

Die 3. Symphonie, die Bruckner dem von ihm hochverehrten Richard Wagner gewidmet hat, wurde von Otto Dessoff und den Wiener Philharmonikern mehrfach abgelehnt und führte in der Folge zu zahlreichen Umarbeitungen seitens des Komponisten. Schließlich setzte Johann Herbeck [S. 130, Abb. 63], der Bruckner stets besonders förderte, die von Bruckner selbst so benannte „Wagner-Symphonie" [S. 133, Abb. 64] im Dezember 1877 aufs Programm der von ihm geleiteten Gesellschaftskonzerte, verstarb aber unerwartet kurz davor. Daher musste Bruckner, der kein professioneller Orchesterleiter war, das anspruchsvolle Werk selbst dirigieren. Das Publikum, unter dem sich auch eine enthusiastische Gruppe von Wagner- bzw. Bruckner-Gegnern befand, verließ scharenweise den Saal. Aber bei dieser missglückten Uraufführung gab es auch eine kleine Gruppe von

Bruckner-Anhängern, zusammengesetzt aus seinen Studenten und engen Freunden, die den Komponisten trösteten: Unter ihnen war Gustav Mahler, der kurz nach dem Konzert einen vierhändigen Klavierauszug der 3. Symphonie Bruckners hergestellt hat. Nach tiefgreifenden Umarbeitungen des ins Zentrum des Parteienstreit geratenen Werkes war es dann wiederum Hans Richter, der schließlich, wenn auch erst 1890, die erfolgreiche Erstaufführung der dritten Fassung der 3. Symphonie mit den Wiener Philharmonikern dirigierte.

Die Uraufführung der 4. Symphonie, die ja bis heute zu den beliebtesten Bruckner-Symphonien zählt, wurde – im Gegensatz zu jener der 3. Symphonie – am 20. Februar 1881 ebenfalls unter Hans Richter und den Wiener Philharmonikern zu einem großen Erfolg für den Komponisten. Während die 5. und 6. Symphonie in Wien zu Lebzeiten Bruckners überhaupt nie in ihrer Originalgestalt bzw. vollständig auf dem Programm standen – die 9. Symphonie blieb unvollendet und kam erst nach Bruckners Tod zur Uraufführung –, erzielte die 7. Symphonie einen bahnbrechenden Erfolg, aber zunächst nicht in Wien. Nach der triumphalen Leipziger Uraufführung im Jahr 1884 unter Arthur Nikisch [S. 134, Abb. 65] und dem Leipziger Gewandhausorchester folgten etliche weitere erfolgreiche Aufführungen in anderen deutschen Städten. In Wien wurde die 7. Symphonie jedoch erst zwei Jahre später, im Jahr 1886, unter Hans Richter gespielt, obwohl Bruckner ursprünglich aus Furcht vor der ihm feindlich gesinnten Presse gegen deren Aufführung protestiert hatte, weil er seine ausländischen Erfolge gefährdet sah. Das Urteil der Wiener Kritiker war dann tatsächlich erneut vernichtend, konnte aber Bruckners Durchbruch in Europa nicht mehr verhindern. Die 7. Symphonie wurde in der Folge aufgrund der allgemeinen Publikumsakzeptanz vom Komponisten am wenigsten stark bearbeitet, ganz im Gegensatz zur 8. Symphonie.

Bruckner hatte die vollständige Partitur der 8. Symphonie in der Hoffnung auf eine Aufführung im September 1887 an Hermann Levi [S. 46–47, Abb. 31 / S. 134, Abb. 66] nach München gesandt, der zwar die 7. erfolgreich dirigiert hatte, von der neuen Symphonie aber entsetzt war. Die Ablehnung durch den ihm nahestehenden Dirigenten Levi hat Bruckner so schwer getroffen, dass er sofort mit intensiven Umarbeitungsarbeiten begann [S. 43, Abb. 28]. Die so entstandene zweite Fassung der 8. Symphonie sandte er 1891 in der Hoffnung auf eine Aufführung an den Dirigenten Felix Weingartner [S. 45, Abb. 30 / S. 134,

Abb. 67], doch die geplante Aufführung kam aufgrund dessen Weg-
ganges aus Mannheim nicht zustande. So dirigierte schließlich 1892
doch wieder Hans Richter mit den Wiener Philharmonikern die Uraufführung, und diese wurde nun für Bruckner zu einem triumphalen
Erfolg. Auf Abbildung 68 [S. 135], einem Scherenschnitt von Otto
Böhler, sieht man Hans Richter zunächst beim Dirigieren. Dann holt
er nach dem Ende der Aufführung Bruckner auf die Bühne und über-
lässt den Applaus dem Komponisten, obwohl dieser ihn zurückhalten
will. Doch schließlich erhält Bruckner einen Lorbeerkranz und reicht
dem sich verneigenden Hans Richter die Hand. – Obwohl die Presse-
kommentare wiederum vom Richtungsstreit der Progressiven gegen die
Konservativen geprägt waren – die Diskussion entzündete sich an dem
von Bruckner (wie z. B. in dem genannten Brief an Weingartner) selbst
formulierten programmatischen bzw. bildlichen Kommentar zu seiner
Musik –, attestierten selbst etliche kritisch gesinnte Autoren dieser
Symphonie hohe Qualität im klassischen Sinn.

Und sogar Johannes Brahms erbat sich vom Verleger den Klavierauszug der 8. Symphonie [S. 44, Abb. 29], deren Bedeutung er wohl
erkannt hatte. Abschließend sei festgehalten, dass sich die beiden Protagonisten Brahms und Bruckner aus dem Parteienstreit möglichst heraus-
hielten. Die Kontroverse wurde von ihren jeweiligen Anhängern, nicht
von ihnen selbst ausgetragen. Ihre Beziehung war von großer gegen-
seitiger Hochachtung, wenn auch von keinem wirklichen Verständnis
für den Musikstil des jeweils anderen geprägt.

E X K U R S

Anmerkungen zur Beziehung von Brahms und
von Bruckner zu Japan

Wenden wir uns zunächst Bruckner und dem Komponisten, Geiger
und Organisten Rudolf Dittrich zu [S. 54–55, Abb. 40 und 43], der
ja am Konservatorium der Gesellschaft der Musikfreunde in Wien bei
Bruckner Orgel und Kontrapunkt studiert hatte und an die Kaiserliche
Musikakademie in Tokyo berufen wurde. Dittrich selbst erzählt in
seinen Erinnerungen[7], dass Bruckner leicht verstört gewesen sei, als er
ihm von seinem Engagement in Japan berichtete – eine für diesen
offensichtlich doch sehr fremde, exotische Welt. Und als Dittrich 1894

bei seiner Rückkehr nach Wien seinen ehemaligen Lehrer besuchte, war der religiöse, der katholischen Kirche eng verbundene Bruckner in erster Linie daran interessiert, ob es in Japan Christen gäbe und ob Dittrichs dort verstorbene Frau Petronilla ein christliches Begräbnis erhalten hätte, was Dittrich zu dessen Beruhigung bejahen konnte.

Doch noch eine weitere Beziehung Bruckners zu Japan ist erwähnenswert, nämlich die Bekanntschaft mit dem japanischen Physiker, Musiktheoretiker und Erfinder Shohei Tanaka [S. 136, Abb. 69] Dieser hatte bei den berühmten Professoren Hermann Helmholtz und Carl Stumpf in Berlin Physik und Akustik studiert und sich intensiv mit der reinen Stimmung (im Gegensatz zur temperierten Stimmung) befasst. Zu deren praktischer Umsetzung hatte er eine Art Orgel mit dem Namen Enharmonium konstruiert [S. 137, Abb. 70], die er in verschiedenen Städten vorführte, darunter im Sommer 1890 auch in Wien. Das Instrument wurde zunächst zur Besichtigung im Konservatorium der Gesellschaft der Musikfreunde ausgestellt.[8] Da Bruckner aber damals nicht in Wien war, besuchte ihn Shohei Tanaka im Herbst persönlich, wie man den Erinnerungen von Bruckners Schüler Friedrich Eckstein entnehmen kann.[9] Tanaka überreichte Bruckner unter vielen Ehrbezeugungen seine Schriften und überredete ihn, mit ihm zur japanischen Gesandtschaft zu fahren, wo das Enharmonium hingebracht worden war. In den dortigen Prunkräumen wurde der zunächst noch etwas reservierte Bruckner mit großem Zeremoniell empfangen, und Tanaka führte auf dem Enharmonium das Vorspiel zu „Lohengrin" in reiner Stimmung vor. Bruckner war von dem klanglichen Ergebnis überwältigt, vor allem als zum Vergleich ein gewöhnliches Harmonium in gleichschwebend temperierter Stimmung herangezogen wurde und der Komponist einige enharmonische Akkordverbindungen notierte, die Tanaka für sein Instrument adaptierte. Da das Enharmonium mit seiner 53stufigen Stimmung aber unglaublich kompliziert zu spielen ist, musste sich der äußerst begeisterte Bruckner von diesem von einem Japaner erfundenen Instrument, das seine idealen Klangvorstellungen realisieren konnte, wieder trennen.

Das Enharmonium war, wie Friedrich Eckstein in seinen Erinnerungen berichtet, in den Räumlichkeiten der Gattin des damaligen japanischen Gesandten, Graf Ujitaka Toda, Gräfin Kiwako, aufgestellt [S. 138, Abb. 71]. Diese überaus musikalische und musikbegeisterte Frau bildet nun sozusagen die gemeinsame Schnittstelle von Bruckner und Brahms, denn sie war es, die Brahms originale japanische Melodien auf dem Koto vorgespielt hat [S. 52–53, Abb. 38] Gräfin Kiwako Toda war eine Klavierschülerin des Pianisten Heinrich von Bocklet, dessen Vater seinerzeit mit Schubert befreundet war. Sie machte Bocklet mit handschriftlich notierter Koto-Musik bekannt, die dieser harmonisierte und für Klavier bearbeitete. 1888 veröffentlichte Bocklet diese Klavierarrangements japanischer Melodien unter dem Titel „Japanische Volksmusik" und widmete den Druck „Seiner Excellenz dem Herrn Grafen Toda, kaiserl [ich] Japanischen Gesandten in Wien" [S. 50, Abb. 36 ⁄ S. 51, Abb. 37].

Als Johannes Brahms, der großes Interesse an jeglicher Volksmusik hatte, die Ausgabe Bocklets kennenlernte, hatte er Zweifel an der ihm allzu frei scheinenden Bearbeitung japanischer Melodien. Er ließ sich die originale, einstimmige Musik von Gräfin Kiwako Toda auf dem Koto vorspielen und notierte in seinem Exemplar der Druckausgabe von Bocklet Übereinstimmungen und Abweichungen [S.138, Abb. 72]: 1. Miyasama: „Die Melodie Koto genau nach dem Original (dies ohne Begleitung, einstimmig)", 2. Rokudan „Nicht genau n[ach] d[em] Original". Dieses Exemplar mit den Eintragungen von Johannes Brahms kam mit seinem Nachlass ins Archiv der Gesellschaft der Musikfreunde in Wien, deren Brahms Sammlung 2005 in das Memory of the World-Register der UNESCO aufgenommen wurde.

Es ist bemerkenswert, wie sehr die japanische Kultur gegen Ende des 19. Jahrhunderts in Wien immer mehr wahrgenommen wurde. Durch die Öffnung kam es zu einem regen Kulturaustausch zwischen Österreich und Japan: Rudolf Dittrich wirkte in Japan, japanische Persönlichkeiten kamen nach Österreich und traten in Kontakt zu den zwei wohl bedeutendsten hier lebenden Komponisten, zu Brahms und Bruckner.

1 Robert Schumann, Neue Bahnen, in: Neue Zeitschrift für Musik
   Bd. 39, Nr. 18 vom 28. Oktober 1853, S. 185f.

2 Brief Anton Bruckner an Leo Simon Reinisch, Wien, 19. Oktober 1891.

3 Brief Johannes Brahms an Johann Herbeck, [Wien, Oktober
   1876].

4 Brief Johannes Brahms an Fritz Simrock, Wien, 30. Dezember
   1877.

5 Richard Heuberger, Erinnerungen an Johannes Brahms, hg. von
   Kurt Hofmann, 2. Auflage. Tutzing 1976, S. 16.

6 Eduard Hanslick, Von Johannes Brahms' letzten Tagen, in: Neue
   Freie Presse, Wien, 4. April 1897, S. 2.

7 Rudolf Dittrich, [Erinnerungen], in: August Göllerich – Max

Auer, Anton Bruckner. Ein Lebens- und Schaffensbild, Band 4/1. Regensburg 1936, S. 589.

8   Laut Ankündigung in der Wiener Zeitung und der Neuen Freien Presse vom 11. Juli 1890 hat Tanaka sein Harmonium am 10. Juli dem Lehrer-Collegium des Konservatoriums vorgestellt und am 11. Juli um 4 Uhr nachmittags der interessierten Öffentlichkeit unentgeltlich gezeigt. Das Enharmonium war im „Saal der Schauspielschule" ausgestellt, der, wie aus alten Plänen des Musikvereinsgebäudes zu rekonstruieren ist, im Parterre auf der Längsseite des Musikvereinsgebäudes in der Bösendorferstraße (damals Giselastraße) gelegen war. Die Größe des Saales, der heute nicht mehr existiert bzw. zu anderen Räumlichkeiten umgebaut wurde, betrug damals ca. 90 m².

9   Friedrich Eckstein, Erinnerungen an Anton Bruckner, Wien 1923, S. 38–40.

日本における西洋音楽受容——オーストリアが果たした役割

武石みどり

オーストリアと日本が修好通商航海条約を結び、国と国の交流が始まったのは1869(明治2)年のことであった。開国とともに西洋文化が積極的に受容された中で、西洋音楽の受容はどのように進んだのだろうか。ここでは特に、オーストリアと日本の間の音楽的な交流に焦点を当て、1869〜79年(明治初年〜10年代)、1887(明治20)年頃、1900(明治30年代初頭)年以降の3段階に注目して流れを追うこととする。

今日の日本では、「音楽の都ウィーン」というイメージがおなじみのものとして定着している。しかし1869年の段階では当然のことながら、一般の日本人はまだオーストリアやウィーンについて明確なイメージをもっていなかった。これにさかのぼること16年、1853(嘉永6)年に、まだ徳川幕府の治世下で鎖国政策をとっていた日本に、アメリカ合衆国からマシュー・ペリーの率いる黒船が来航した。鎖国が200年以上続いていたため、黒船の装備と開国要求は日本人にとって青天の霹靂であった。翌年、アメリカと和親条約を結んで日本は開国するが、高度な文明と技術を有する諸外国に対抗するために、政治的に弱体化していた徳川幕府の内政と外交を見直し革新しようとする動きが活発化した。こうした幕末の混乱ののち1867(慶応3)年に徳川慶喜が将軍職を返上して大政奉還となり、1868年に明治と改元される。すなわち明治期は政治・教育・文化など、あらゆる点で日本の社会が根底的な変化を遂げた時代であり、日本人が西洋に対する目を開いた時代であった。

1. 1869〜79年(明治初年〜10年代):洋楽受容の出発点となったピアノ

日本とオーストリアとの国交は、1869年秋にオーストリア皇帝フランツ・ヨーゼフⅠ世[11ページ、図1]から遣わされた使節が日本を訪れたことによって始まった。この時、使節のアントン・フォン・ペ

ッツ男爵は、明治天皇・皇后両陛下［13ページ、図3］、および日本政府に対して多くの贈り物を持参した。その中で皇后陛下に贈られたのが、ベーゼンドルファー製のグランドピアノ［17ページ、図7］である[1]。ほとんどの日本人がピアノというものを見たことがないという時代状況の中で、ピアノはこうして西洋文化が日本に入ってくる先導の役割を果たした。

　オーストリアの使節の来訪に関する資料は、外務省外交史料館に現存している。使節の到着を予告する文書では、オーストリア使節団の中に音楽隊15人が含まれていたことが記されている［図73］。彼らは、ビーバ氏の論考01（皇城における初めてのピアノコンサート）にあるとおり、国歌や式典の奏楽に加えて行進の際の音楽を担当した。日本側の文書では、この音楽隊の演奏した曲目については記録がない。ちなみに、1869年の段階の日本ではまだ国歌についての認識さえ浸透していなかった。オーストリア使節団の来訪のわずか2か月前、英国王子エジンバラ公が来日するにあたり、外交儀礼上国歌を演奏することの重要性を示唆されたため、軍楽隊の指導に来ていたイギリス人、ジョン・ウィリアム・フェントンが「君が代」の歌詞に曲を付けたのが最初である。これは現行の「君が代」とは異なる旋律であったが、歌詞と旋律があまりなじまなかったため定着しなかった。私たちが歌う現行の「君が代」が作曲されたのは、1880（明治13）年になってからのことであった[2]。

　外交史料館には、1869年にオーストリア皇帝から天皇陛下に送られた国書［16ページ、図5］が残っており、文面はラテン語で書かれている。使節のペッツ男爵がこの国書を持って参内し、明治天皇に謁見して手渡した。この時、男爵がドイツ語で述べた挨拶を日本語に訳して伝えたのは、当時イギリス公使館の通訳を務めてい

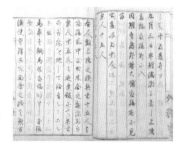

73
『墺地利使節参朝並条約
調印一件』
1869年
Dokumente zu österreichischem
Delegationsbesuch und Vertrags-
unterzeichnung, 1869

たアレクサンダー・フォン・シーボルトである。この人物は、江戸時代に出島に来ていた医師フィリップ・フランツ・フォン・シーボルトの長男に当たり、父シーボルトがシーボルト事件（1828年）で日本から追放された後、結婚したドイツ女性との間に生まれた。1859（安政5）年に日本からの追放令が解除されたため親子は再び長崎に来て、息子のアレクサンダーはイギリス公使館の通訳となった。

　外交史料館の資料には、オーストリア使節団の謁見についての記録［図74：ビーバ氏の論考01ではオーストリア側の記録が紹介されている］と並んで、使節が持参した贈り物についても記録されている。皇后陛下への贈り物は複数あるが、その筆頭にピアノが挙げられている［図75］。ただし、この文書では楽器名は澳太利琴（オーストリア）と記されている。琴と呼ばれながら日本の琴とはまったく異なる形状の楽器であることが関心をひいたのであろうか、この参内から4日後にピアノ［17ページ、図7］を御前演奏する機会が実現した。この時の様子を記録した文書［16ページ、図6］には、楽器名は洋琴と書かれている。日本側の文書には何の曲を弾いたのかということについての記録がないが、ビーバ氏の論考01にあるとおり、オーストリア側の記録では、書記官のオイゲン・フォン・ランゾネ男爵[3]がヨハン・シュトラウスII世のアンネン・ポルカ、ワルツ、メンデルスゾーンの『ヴェネツィアの舟歌』などを演奏したこと、明治天皇がこの演奏に満足され、褒美を与えられたことが伝えられている。

　では、西洋音楽はどのように一般の人々の間に入ってきたのだろうか。当初、西洋音楽が入ってきた主要ルートとして三つが挙げられる。第一に軍楽隊、第二に教会、そして第三に教育である。
　まず、軍楽隊は、オーストリア使節の例にも見られるように、軍

隊とともに軍艦で日本を訪れ、儀式の際に国歌を表敬演奏する役割を果たした。そこで日本側でも国歌と、それを演奏する軍楽隊とを備える必要が生じ、1871（明治4）年には陸海軍の軍楽隊が整えられて吹奏楽を練習・演奏するようになった。また、江戸時代まで天皇家の音楽家として雅楽を演奏してきた宮内省雅楽部の音楽家（伶人）たちも、式典や晩さん会・舞踏会でさまざまな楽曲が演奏できるように西洋の楽器を学ぶようになり、最初に管楽器、続いて弦楽器、そしてピアノを学んだ。

　次に、もう少し一般の人に近い位置にあったのが教会である。アメリカやカナダから日本に派遣されてきた宣教師たちは、伝道のために各地を巡り、拠点となる大きな教会やミッションスクールには母国からオルガンを送って備えつけ、讃美歌を教えた。特にプロテスタント系の宣教において讃美歌は不可欠なものであったため、ミッションスクールでは明治初年代からオルガンの指導が行われた。

　そして、西洋音楽が日本に導入された第三のルート、しかも国民全員に関係する形で導入されたのが学校教育である。1872（明治5）年には欧米の教育制度にならい、日本の新しい教育の基本方針として学制が公布された。その中で、下等小学校の科目として定められた14科目には、最後に「唱歌」という科目が挙げられている。岩倉使節団のアメリカでの学校訪問記録にも「唱歌は小学校の日課である。歌うことによって生徒たちは神を敬い、人格を穏やかにすることができる。ピアノの伴奏でリズム感を養い、行進をきちんとさせ、舞踏をさせる」[4]と記されており、徳性の涵養に役立つ科目として導入されたものと推測される。しかし、この段階ではまだ実際にピアノも教材もなかったため、学制の公布の際には唱歌の科目だけ「当分これを欠く」という但し書きが付された。その後、文部省のピアノの購入記録を追ってみると、最も古い購入記録は1876（明治9）年で幼児教育用に1台、次の購入記録は1879（明治12）年に体操教育用に6台、そして同じ年に音楽教育用に10台、すべてアメリカ製のスクエアピアノが購入されている。つまり、ピアノは必ずしも最初に音楽教育のために購入されたのではなかったということになる[5]。

　1876年に女子師範学校附属幼稚園のために購入されたピアノ

については、のちに撮影された写真が残っており、遊戯室の片隅にスクエアピアノが置かれていることが確認できる。ここでは林学を専門とした松野硼という官吏のドイツ人の妻、松野クララが、ピアノの弾ける保母として子どもたちを指導した。

1879年になぜ体操教育用にピアノ6台を購入したのか、今日では不思議に思う人が多いかもしれない。しかし、ラジオ体操の音楽を、ラジオもYouTubeも無い時代にピアノで生演奏していたのだと考えると想像がつくであろう。しかし体操指導の現場でも当時はピアノが弾ける日本人はいなかったため、楽器を購入しても演奏者に事欠き、上述の松野クララに演奏を依頼するしかなかった。女子師範学校では松野クララに加えて、東京大学理学部化学科教授のフランク・F・ジュエットを講師として招聘し、週2回ピアノの奏法の指導を依頼したという事実も、ピアノの演奏者・指導者が決定的に不足していたことを示している。

文部省はアメリカの学校教育をモデルとして楽器の購入を進めたが、実際にピアノを弾ける人間がいないという事態から、ピアノを演奏できる人材を育てることが喫緊の課題となった。1879年に設立された音楽取調掛に入学した伝習生22名は五線譜の読み方から始めて、アメリカ製の10台のスクエア・ピアノでバイエルから（つまりまったくの初歩から！）学んだのである。

音楽取調掛に納入された10台のピアノについては、写真のみが残され現物は消失したと考えられてきたが、1台だけ現存することが2007年に判明した。発見時には蓋が取れ、音が鳴る状態ではなかったが、外された蓋の外側に「東京音楽学校」の焼き印の痕跡が認められた。音楽取調掛が東京音楽学校となったのは1887（明治20）年になってからのことであるが、音楽取調掛時代に購入されたオルガンにも同様に東京音楽学校の焼き印が押されていること、1879年に購入した記録のあるクナーベ製のスクエアピアノであることから、これが音楽取調掛用に購入されたピアノのひとつと推測される[6]。当時は欧米においてもスクエア型やアップライト型が普及していたことを考えると、1869年にベーゼンドルファーのグランドピアノが皇后陛下に贈られたというのは、本当に特別な贈り物であったことがわかる。

2. 1887(明治20)年頃：芸術音楽への転換

　それでは次に、1887年ごろからの変化に目を向けてみよう。1884 〜 87(明治17 〜 20)年は鹿鳴館時代として知られている。日本政府は開国時に諸外国と条約を交わしたが、その条件が不利であったことに気づき、これを改正しようと試みた。そして外国諸国が、対等な立場で付き合うべき文明国として日本を認識するように、外務卿井上馨の下に欧化政策を進めた。その一環として鹿鳴館に外国公使を招き、西洋音楽を演奏して舞踏会が開かれた。この頃には、多少西洋音楽を演奏できる日本人が現れていたことが、揚州周延の錦絵《欧州管弦合奏之図》(1889年)からも見て取ることができる。このような状況を背景として、音楽について新しい動きがあった。

　そのひとつは、1887年に初めて日本人がウィーン楽友協会を訪れ、訪問者名簿に名前を記したことである[49ページ、図33]。それは濱尾新、片山国嘉、そして岡倉覚三の三人であったが、彼らはすべて音楽関係者ではない。濱尾新は教育行政官であり、東京大学が設立された時に法理文三学部の綜理補、いわば副総長を務めた。この頃、文部省には、美術教育を開始するための準備を進める図画取調掛という組織があり、濱尾新はそのトップとして、教育制度について調査するためにヨーロッパ各国を回っていた途中であった。岡倉覚三——今日では岡倉天心として知られている——は、1880(明治13)年に文部省の役人となり音楽取調掛に2年間勤めたが、その役割は主に外国書の翻訳と通訳であった。その後1886(明治19)年に図画取調掛の一員となり、濱尾新と同様に欧米の事例を調査するために、お雇い外国人の美術史学者アーネスト・フェノロサとともに欧米を視察中、ウィーン楽友協会を訪れた。また片山国嘉は、法医学の勉強をするためにベルリン大学、次いでウィーン大学で学んでいた。法律や裁判といったシステムが日本でも整えられていく過程にあって、片山は法医学の重要性を知り、日本人として初めてこの分野を専門に学び、帰国後は東京大学で教鞭を執った。

　岡倉天心が記した視察日誌には、1887年4月5日にウィーン楽友

協会を訪れたことが記されている[49ページ、図32]。楽友協会側の訪問簿では日付は4月6日となっており、1日の誤差がある。また、岡倉は当時の音楽院長と会って案内を受けたと記しているが、その名前をヘルメスベルガーではなくゼーダーベルガーと記している。このように多少情報のくい違いは見られるものの、岡倉天心は芸術の教育機関としてウィーン楽友協会音楽院がどのように運営されているかに関心をもち、また二つのホールの構造や装飾にも心を惹かれたようで、視察日誌の中に簡単なスケッチを残した。

　フックス氏の論考「幸田延」(本書の論考05)によれば、彼ら三人の訪問についてウィーンでは、「日本の音楽学生がウィーン音楽院と同様の教育課程で学ぶことができるようにするため、教育と音楽院の運営にかかわるすべての資料の提供を要望した」と報道されたという。この新聞記事の内容には、驚きを禁じ得ない。なぜならば、ウィーン楽友協会を訪ねた三人のうち、岡倉天心は1880〜82年に文部省の役人として音楽取調掛に関わっていたが、帰国後は濱尾新と共に東京美術学校のために力を尽くした人物だからである。1887年に設立された東京音楽学校と東京美術学校は第二次大戦後に東京芸術大学という一つの大学になったが、明治期における両校の根本姿勢はまったく異なるものであった。美術学校は男子校で日本古来の画法や技法を保護しようとする傾向が強かったのに対して、音楽学校は男女共学で西洋音楽を積極的に学ぶ姿勢を示した。そのため、両者のルーツはまったく別のものとして捉えられてきた。それゆえに、岡倉天心ら図画取調掛のメンバーがウィーン楽友協会音楽院に関心を示し視察したことは、東京音楽学校の設立関係記録にも言及されていない大変興味深い事実である。ただし、東京音楽学校と東京美術学校の開校準備は彼らのヨーロッパ滞在中に国内にいた人々によってほぼ完了されていたのであり、必ずしも濱尾新や岡倉天心がヨーロッパで抱いた理想が日本で実現されたわけではなかった。明治の開国以来、欧米のものを積極的に取り入れたいと考える開明派がいた一方で、かならず極端な西洋化に反対し、日本古来のものを優先しようとする守旧派がいた。そのせめぎ合いの中で、東京美術学校も東京音楽学校も、さらにその後時間をかけて教育方針の模索を

76
戸田氏共のパスポート
1882年
Todas Pass, 1882

続けることになる。ただ、いずれにしてもこの頃から「美術」あるいは「芸術」といった概念が明確に導入されてきたことは見逃せない事実である。それは音楽の分野でも同様で、五線譜の書き方やバイエルでピアノの初歩を学ぶ段階から一歩進んで、1887年頃から次第に芸術性への意識が芽生えてきた。

　この時期に西洋音楽の導入に関わったもう一人の人物として、戸田氏共に注目してみよう。

　戸田氏共[50ページ、図34]は1854(嘉永7)年に大垣藩主戸田家に生まれ、わずか12歳で家督を継ぎ、大垣城十万石の城主となった。大垣藩は幕府方であったが、戊辰戦争の際には新政府側について功績を挙げたため、1869(明治2)年、すなわちオーストリアと日本の国交が樹立された年に、わずか18歳で大垣藩の知事となった。1871(明治4)年には岩倉具視の娘極子と結婚し、その後5年間アメリカに留学した[7]。さらに1882(明治15)年には伊藤博文に随行して、ヨーロッパを5か月訪問した。図76はこの時に用いたパスポートである。このように若い頃から留学して英語を身につけ、ヨーロッパに滞在経験もあることから、のちに外交官となる道が開いた。

　ヨーロッパから帰国した頃、1884～1887(明治17～20)年は鹿鳴館外交の時代であったため、欧米に滞在経験のある戸田氏は接待役として活躍し、その際に極子夫人が社交界の華とうたわれた[図77]。多くの外国人が招かれている舞踏会で、西洋式のドレスが似合い、英語が話せてダンスの上手な女性として注目を浴びた。

　また1887年に戸田氏共は鹿鳴館で、日本音楽会という演奏会組織の設立相談会に加わった。これは、文明国としての道を進むために音楽を奨励し、よい音楽で人々の趣味を高尚なものにしようと図る組織で、名誉会員として日本に駐留する外国公使たちを招き、定期的に演奏会を開くことを計画した。設立の3年後には会員が90名となり、演奏会を聴くときの服装は、男性はフロックコートまたはモーニングと指定されていることから、上流階級を対象とする集まりだったと言えよう。

　日本音楽会の設立後、戸田氏共は日本公使としてウィーンに出発し、家族とともにそこで1890年までの3年間を過ごした。この間

77
戸田極子伯爵夫人
写真：撮影者不詳
1887年または1890年
Gräfin Kiwako Toda
Unbezeichnete Fotografie,
1887 oder 1890

にウィーンを訪れた金子堅太郎——伊藤博文の下で大日本帝国憲法を起草したメンバーの一人——は、ウィーンで戸田公使夫妻の世話になり、オーストリアの政治家や学者に紹介してもらったり、日本料理の味を楽しんだりしたことを回想している[8]。琴が得意であった極子夫人[9]は、おそらくはウィーンでも琴を弾いたであろうと推測される。当時、ハインリヒ・フォン・ボックレットというピアニストが日本の旋律をピアノ用に編曲した楽譜を出版した際、表紙に戸田氏共への献呈辞を記した[50ページ、図36]。その楽譜を1冊所蔵していたヨハネス・ブラームスは、譜面に手書きでメモや音の修正を書き込んでいる[51ページ、図37]。こうした事実を基に、ブラームスがこの楽譜を見ながら極子夫人の琴の演奏を聞いて書き込みをしたのではないかという推測がなされ、そのイメージが1992年に日本画家の守屋多々志によって四曲屏風に創作された[52-53ページ、図38]。

ウィーン駐在日本公使として戸田氏共が任せられた仕事は多岐にわたっていたが、中でも重要なのは、不平等条約を改正するための交渉であった。戸田氏共は確かに留学経験があったが、条約改正の交渉はそれほど簡単なものではない。そこで通訳および相談役として力になったのが、前述のアレクサンダー・フォン・シーボルトである。この人は、開国時から、通訳として日本政府と外国との交渉を助ける役割を果たし、1889年に戸田氏共がスイスで条約改正交渉に臨んだ時も、その場に立ち会った。アレクサンダー・フォン・シーボルトは膨大な日記と記録を残しており、戸田からの書簡や当時のいきさつを記した日記を確認することができる[10]。しかし条約改正への道は遠く、戸田氏の公使在任中には条約改正には至らなかった。オーストリアとの通商条約が改正されたのは、その後、1897（明治30）年になってからのことである。

戸田氏共の日本公使としての仕事は、こうした政治的問題のみならず、音楽にも関係していた。

1888（明治21）年、東京音楽学校での指導レベルを向上させるために、作曲やオーケストラの指導もできる人物がほしいという要請が、ウィーンの戸田氏共の下に届いた。そこで、戸田氏共はウィ

ーン楽友協会音楽院長のヨーゼフ・ヘルメスベルガーに相談し、ルドルフ・ディットリヒ[54ページ、図40／55ページ、図43]という人物を紹介された。この経緯について戸田氏共が日本に書き送った報告文書[55ページ、図41]には、「コンサルバトリー長ヘルメスベルゲ」に相談して、「ヂットリヒ」の推薦を受けたと表記されている。当時のウィーンでは、音楽の人材は豊富であったが、英語で教えることのできる人が少なかったため、候補者探しに時間がかかった。1888年に東京音楽学校の教師となり[55ページ、図44]東京に赴任したディットリヒは、実際に英語で東京音楽学校の学生たちを教え、またみずから鹿鳴館や宮中でヴァイオリンの演奏を披露して、演奏曲目の拡大や演奏レベルの向上に大きく貢献した。ディットリヒに関わる文書として興味深いもうひとつの文書は、彼が持ちこんだ楽器に関するものである[55ページ、図42]。東京に赴任するにあたって、彼は自分のピアノを別便で送った。そのピアノが横浜の税関を通る際に輸入税を免除するという手続きが記されている。明治21年の段階で、このようにわざわざ自分のピアノを船便で送って持ち込まざるを得ない状況だったということは、当時の東京ではまだピアノが普及しておらず、手に入れにくい貴重品であったということを示している。確かに東京音楽学校においても、当時はピアノの台数が多くなかったため、1台のピアノを1時間に3人の学生で使えるように練習時間が設定されていた。学校内を巡回していたディットリヒは3人が同時に1台のピアノに向かっているのを見て苦笑し、一人20分ずつ別々に練習するよう注意したという[11]。もちろんこれは、各自が自分の音をよく聴くことの重要性を示唆するものであった。

　このように、1880年代の末には明治初期とは異なり、次第に芸術としての音楽が意識されるようになり始めた。しかし一般の人々にとっては、まだまだ西洋音楽は高嶺の花であり、生活の中に普及したわけではない。そのことを表しているのが、当時の楽器の普及状況である。
　音楽取調掛でピアノやオルガンを学んで卒業した人が増えるのに従って、「当分之を欠く」とされていた唱歌教育を1884（明治17）年頃から実践する機運が高まった。まずは音楽取調掛の卒業生たちが各府県の師範学校の先生となり、そこで教員の卵たちに音楽

の基礎とピアノ・オルガンを教える。そしてそれを学んだ教員たち
が、実際に各府県の学校で子どもたちを教えるという段取りであ
る。そのための第一段階として、まず各府県の師範学校にオルガ
ンを備え付けることが始められた。この段階で、ピアノは大変高価
であり、しかも定期的な調律が必要であるため、文部省は音楽教
育用の楽器として、ピアノではなく足踏みオルガンを導入する方針
を取るようになっていた。こうして1884年頃から、各県で1台ずつ、
外国製のオルガンを購入した。つまりこの段階では各県でたった1
台、師範学校だけにオルガンがあり、一般の小学校ではまだまだ
楽器が買えないという状況だった。しかし実際に小学校で唱歌を
教えるためには、各県に1台どころか、各学校に1台が必要である。
舶来オルガンは非常に高価であったため、ここで国産の楽器を安く
供給しようと考えたのが、山葉寅楠という人物、現在のヤマハの創
業者である。山葉寅楠は、西洋の医療器械や時計の製造と修理
に関わった経験があったため、浜松の小学校のオルガンが故障し
た時にそれを修理し、さらにそのオルガンを基に試作品を作った。
その際、オルガンの音律を整えるのを補助したのが、当時中学生く
らいの少女、大川すゞ子だったと推測されている。この人は東洋英
和女学校でオルガンを学び、讃美歌をとおして西洋音階を聴き慣
れていた。当時の浜松では、西洋音階を正しい音程で歌うことが
できる人がほとんどいなかったため、偶然東京から帰省していたこ
の少女の音感が国産オルガンの製作に大きな役割を果たした[12]。

こうして1887年頃からリードオルガンの国産化が進んだことによ
り、その後日本全国の小学校にオルガンが徐々に普及した。小学
校の教室にオルガンがあり、皆で教師の伴奏に合わせて歌うとい
う風景がその後徐々に広がり、西洋音階が日本人の耳に浸透して
いったのである。

3. 1900年以降：オーケストラの指導強化

東京音楽学校を卒業した幸田延が初の国費留学生としてボスト
ンとウィーンで学んでいた頃、日本の外交は大きな転換点を迎え
た。1894〜95年に日清戦争に勝利したのである。続いて、1904

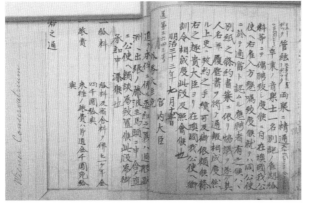

〜05年には日露戦争にも勝利したため、日本に対する国際的な評価が高まった。そのような状況下、1900年頃には宮内省楽部においてオーケストラの強化が図られた。宮内省楽部では、明治初年代から雅楽と並んで吹奏楽と管弦楽の演奏も行ってきた。しかし、これまでの西洋音楽の指導者が軍楽隊関係者であったことから、吹奏楽には強かったものの、弦楽器を中心とするオーケストラについては指導が手薄な状態であった。次第に芸術音楽を意識し始めた世の中の傾向の中で、宮内省楽部においてもオーケストラの指導ができる人物が必要であるという声が高まり、1900（明治33）年から候補者探しが始まった。

　この時、前述の戸田氏共はすでに日本に帰国し、駿河台の屋敷にウィーン風の西洋館を増築し[13]、宮内省の役人となっていた。宮内庁宮内公文書館には、1900年に宮内省楽部でオーケストラの指導ができる音楽教師を探した経緯について、文書が現存している[図78]。当時式部長を務めていた戸田氏共は、ウィーン駐在日本公使であった時の経験があるので、当然のことながらウィーンから音楽家を呼ぶことを考えたようだ。この文書には式部長として戸田の印が押印され、オーストリア人で吹奏楽と管弦楽の両方に精通し、しかもウィーン音楽院を卒業した人物を招聘したいという採用条件が明示されている。この要請に応じて、約4か月後に当時のウィーン駐在日本公使であった牧野伸顕（大久保利通の次男）が送った返信には、当時のウィーン音楽院教授ヨーゼフ・ヘルメスベルガーⅡ世[54ページ、図39]の推薦により、ヴィルヘルム・ドブラウチ

ッチ [63ページ、図53]¹⁴という人物が候補者となったことが報告され
ている。現存するヘルメスベルガーⅡ世の推薦状 [63ページ、図52]
には、フランス語でドブラウチッチを推薦する旨が記されている。

　こうして宮内省楽部の音楽教師として招聘されたドブラウチッチ
は、1901 (明治34) 年に来日し、以来24年にわたって指導を続けた。
その間、1909 (明治42) 年には戸田氏共が式部長官に昇進したた
め、その年の雇用契約書では、戸田氏共とドブラウチッチの名前
が並んで記されている [63ページ、図54：名前がヅブラウチッチと表記され
ている]¹⁵。彼は来日後、宮中で天皇陛下が外国の客人と会食され
る際にオーケストラを演奏し、宮内省楽部の演奏者をよく教育した
ため、次第に吹奏楽よりもオーケストラが演奏の中心となった。の
ちに大正13年には、昭和天皇のご結婚に際する饗宴でもオーケス
トラを指揮している [64ページ、図55]。

　またドブラウチッチは、宮中の外では、明治音楽会という演奏会
組織の顧問としても活動した。ディットリヒの頃にあった日本音楽
会は、コンサートを聴きたい上流階級の人々が集まって客演者の
演奏を聴くという、聴き手のための組織であった。これに対して明
治音楽会は、演奏する人たちが集まってオーケストラのコンサート
を開くことを目的とする演奏家中心の組織であった。ドブラウチッ
チは1904 (明治37) 年から顧問を務め、邦楽と洋楽を取り混ぜた従
来のプログラム構成ではなく、西洋音楽だけのプログラムを中心に
据え、オーケストラ曲ではオペラの序曲やモーツァルトの交響曲を

取り上げ、また弦楽四重奏のような室内楽曲を取り上げて、演奏レパートリーに大きな変化をもたらした。明治音楽会のオーケストラは、1900年頃には15名程度の編成であったが、その後は、40名以上の編成による演奏の記録も見られる。山田耕筰は、当時のドブラウチッチがウィーン風にヴァイオリンを手に弓で指揮したことに言及している[16]。

このようにドブラウチッチは宮中ばかりでなく、一般の聴衆を対象とするコンサートにおいても、オーケストラ音楽の普及に貢献した。さらに作曲家としては、明治天皇が崩御された際に哀悼行進曲を作曲したことが知られている。1920年代に至るまでの24年間、彼は日本で指導を続け、1921（大正10）年には東京シムホニー・オーケストラと銘打ち、宮内省楽部と東京音楽学校卒業生による50名近いオーケストラを指揮して注目を集めた［図79、80］。ドブラウチッチは故国に帰ることなく、1925（大正14）年に日本で亡くなった。

ここでは主に1869年から1900年代初頭までの動きを追ってきた。この過程からみると、本稿で注目した時期は西洋音楽導入の始動期にあたり、まさに西洋音楽を専門とする日本人がまだほとんどいない時代であった。渡航や情報伝達の手段が著しく限られていたこの時代、オーストリアと日本の間を行き来し、異なる文化と音楽に触れた数少ない人々――岡倉天心、戸田氏共、ディットリヒ、ドブラウチッチら――が、両国の文化交流の接点となり、西洋音楽の受容に大きな役割を果たしたことは間違いない。

その後、1910年代から次第にSPレコードが普及してワーグナーの人気が高まり、国産ピアノの製造が始まる。そして1910年代半ば以降、つまり大正期に入ると、浅草オペラや宝塚少女歌劇などの形で西洋音楽が一般の人々により近いものとなり、その10年後には交響楽団が作られ音楽コンクールが実施されるところまで進む。その後さらに西洋音楽は日本文化の中にしっかりと定着し、コンサートやオペラ、コンクールが盛んに行われ、日本人演奏家も高く評価されるようになった。そのめざましい展開の最初の段階において、オーストリアとの音楽交流は実に大きな刺激と影響をもたらしたのである。

1 　このピアノは現在消失していると考えられている。

2 　水谷弘「国歌「君が代」の歴史」、CD『君が代のすべて』KICG3074、23-31ページ

3 　ランゾネは、謁見式の準備の際に皇城内部の見取り図を作成し、持参した贈り物の配置まで詳しく書き込んだ。この見取り図はリンツ市教区文書館に現存しており、宮田奈奈、ペーター・パンツァー、そして岩壁義光の手で日本に現存する皇城の図面と照合・考証の上、正確なものであることが判明した。港区立郷土歴史館 編『日本・オーストリア　国交のはじまり』2019年、10-11、92ページ

4 　『現代語訳　特命全権大使　米欧回覧実記』第1巻アメリカ編、東京：慶応義塾大学出版会、2005年、82ページ（1871年12月14日サンノゼ）

5 　武石みどり「明治初期のピアノ　文部省購入楽器の資料と現存状況」『東京音楽大学研究紀要』33、1-21ページ

6 　同上　このピアノはその後修復され、聖徳大学に保管されている。

7 　この時異母兄の戸田欽堂も同行した。戸田欽堂は在米中にキリスト教に傾倒し帰国後に受洗、1874年に日本で最初のキリスト教書店十字屋の共同出資者となった。十字屋ではオルガンを販売するとともに、自ら考案した紙腔琴を販売した。（金子敦子「紙腔琴の歴史」『お茶の水音楽論集』徳丸吉彦先生古稀記念特別号、2006年、253-254ページ）

8　金子堅太郎「伯爵ご夫妻を憶ふ」『敬悼録』1936年、121-122ページ

9　細川孝子「御両親の御逝去を悲しみて」『敬悼録』1936年、102ページ
　　(母君には御若かりしころ御琴を好ませたまひ、(中略)御ひまのをりを
　　りはわれらにもよくおさらへくだされし)

10　ヴェラ・シュミット編『日本外務省と東京大学に現存するアレクサンダ
　　ー・フォン・シーボルトの書簡1859～1895年』シーボルト研究叢書第
　　9巻、ルール大学東アジア研究所刊行物33、ヴィースバーデン：ハラ
　　ソヴィッツ、2000年、499-501、506-507、616-619ページ

11　『東京芸術大学百年史　東京音楽学校篇』第1巻、東京：東京芸術
　　大学、1987年、521ページ

12　武石みどり「山葉オルガンの創業に関する追加資料と考察」『遠江』
　　27、2004年、1-18ページ

13　金子堅太郎「伯爵ご夫妻を憶ふ」『敬悼録』1936年、121ページ

14　宮内庁宮内公文書館に残る『欧州音楽教師雇入録』には、ヴィルヘル
　　ムではなくグリエルモ Guglielmoというファーストネームを記している文
　　書も複数見られる。

15　添付された履歴書によれば、ドブラウチッチは現在のクロアチアの都
　　市リエカの出身であった。名字の表記は、演奏の記録ではドブラヴィ
　　ッチと書かれていることもあるが、ここでは宮内省の文書に多く見られ
　　るようにドブラウチッチと表記する。

16　山田耕筰「リヒアルトシトラウスの印象」『詩と音楽』2/3、1923年、74
　　ページ

Österreichs Rolle
bei der Einführung westlicher Musik in Japan

Midori Takeishi

Im Jahr 1869 unterzeichneten Österreich und Japan einen Vertrag, der den Beginn des Handelsaustauschs zwischen beiden Ländern festlegte, was in der Folgezeit auch zu beidseitigem kulturellem Austausch führte. Teil davon war auch die erste Begegnung mit der österreichischen Musik. Im vorliegenden Aufsatz wird der Frage nachgegangen, wie diese völlig andersartige Musik von japanischer Seite rezipiert und allmählich in die eigene Kultur integriert wurde. Dazu wird hier die Geschichte des musikalischen Austausches zwischen Österreich und Japan in drei Phasen aufgeteilt: 1. 1869–1879, 2. um das Jahr 1887 und 3. nach 1900.

Wien wird heutzutage von japanischen Touristen gern besucht, doch liegt dies nicht nur an den vielen Sehenswürdigkeiten, die es zu bieten hat, sondern auch daran, dass es sich als Musikstadt großer Beliebtheit erfreut. 1869, als in Tokyo der erste Handelsvertrag zwischen Österreich und Japan abgeschlossen wurde, waren allerdings den Durchschnittsjapanern sowohl das Land als auch seine Hauptstadt noch völlig fremd. Schließlich lag es erst 16 Jahre zurück, dass 1853 unter der Führung von Commodore Matthew Perry vier Schwarze Schiffe aus den Vereinigten Staaten nach Japan gekommen waren, ein Land, das seit der Anfang des 17. Jahrhunderts von der Herrschaft des Tokugawa-Shogunats beschlossenen Landesabschließungspolitik für Reisende aus anderen Ländern nicht frei zugänglich war. Da die Isolation des Landes bereits mehr als 200 Jahre ungestört andauerte, waren die militärische Ausrüstung der Schwarzen Schiffe und die Aufforderung, das Land zu öffnen, ein unerwarteter und deshalb um so heftigerer Schock für die Japaner. Im folgenden Jahr sah sich Japan gezwungen, einen Vertrag mit den USA abzuschließen, der für das Land ungünstige Konditionen enthielt und es folgten weitere ähnliche Verträge mit verschiedenen europäischen Nationen. Um dem Druck der westlichen Mächte entgegenzuwirken, versuchte Japan danach mit allen Mitteln das Land durch weitreichende Modernisierung und Technisierung auf westlichen Standard anzuheben, und beschloss außerdem, die inneren Angelegenheiten und die Diplomatie des politisch geschwächten To-kugawa-Shogunats zu überprüfen und gegebenenfalls zu erneuern. Nach vielen innen- und außenpolitischen Turbulenzen am Ende der Edo-Zeit (1603–1868) gab der letzte Shogun Yoshinobu Tokugawa 1867 dem Kaiser die Herrschaftsgewalt zurück, was den Beginn der Meiji-Ära (1868–1912) einläutete. Es war eine Ära, in der die japanische Gesellschaft insbesondere hinsichtlich Politik, Bildung und Kultur einen radikalen Wandel erfuhr und auch eine Ära, in der die Japaner immer mehr mit der westlichen Kultur in Berührung kamen.

I. 1869–1879: Ein Klavier als Startpunkt westlicher Musikakzeptanz

Die diplomatischen Beziehungen zwischen Japan und Österreich begannen im Herbst 1869 mit dem Besuch eines Gesandten des österreichischen Kaisers Franz Josef I. [S. 11, Abb. 1] in Japan. Anlässlich dieses Besuchs überreichte der Gesandte Baron Anton von Petz sowohl dem Kaiser Meiji und seiner Gemahlin [S. 13, Abb. 3] als auch hochrangigen Mitgliedern der japanischen Regierung viele Geschenke. Unter den Geschenken an die Kaiserin war ein Flügel von Bösendorfer [S. 17, Abb. 7][1], weshalb sich sagen lässt, dass in dieser Zeit, in der die meisten Japaner noch nie westliche Instrumente jeglicher Art gesehen hatten, ein Klavier die einleitende Rolle bei der Einführung der westlichen Musik spielte.

Dokumente zum Besuch österreichischer Delegationen sind im Diplomatischen Archiv des Außenministeriums Japan aufbewahrt. In einem Dokument, in dem die Ankunft der Delegation angekündigt wurde, ist zu lesen, dass der österreichischen Delegation 15 Musiker angehörten [S. 153, Abb. 73]. Sie waren Mitglieder der Militärkapelle, die die Delegation begleitete und zu deren üblichem Repertoire neben der Nationalhymne auch Zeremonie- und Marschmusik gehörte (s. Dr. Bibas Aufsatz 01 *Das erste Klavierkonzert* dieses Buches). Leider finden sich in den japanischen Dokumenten keine Aufzeichnungen darüber, was für Stücke sie bei ihrem Aufenthalt in Japan spielten. In diesem Zusammenhang sollte erwähnt werden, dass im Jahr 1869 in Japan das Konzept einer Nationalhymne noch völlig unbekannt war. Nur zwei Monate vor dem Besuch der österreichischen Delegation, als der Prinz von Edinburgh Japan besuchte, hatte die japanische Regierung von Seiten der begleitenden britischen Militärkapelle eine Anfrage bezüglich der Nationalhymne erhalten, wodurch auf japanischer Seite erstmals das Bewusstsein dafür geweckt wurde, welche Bedeutung das Abspielen einer Nationalhymne bei diplomatischen Zeremonien überhaupt hatte. In Ermangelung einer Nationalhymne komponierte der in Irland geborene Brite John William Fenton, der damals Lehrer der japanischen Militärkapelle war, eine Melodie zu dem Text von „Kimigayo". Der gleiche Text wurde danach noch mehrmals von anderen Komponisten vertont, was daran lag, dass Fentons Melodie nicht so recht zu dem japanischen Text passte. Die Melodie, die heute Japaner zu dem Text „Kimigayo" singen, entstand 1880, d. h. erst gegen Ende des 19. Jahrhunderts.[2]

Im Diplomatischen Archiv des Außenministeriums Japan befindet sich ein auf Latein verfasstes Schreiben [S. 16, Abb. 5], das der Kaiser von Österreich 1869 an den Kaiser von Japan richtete. Überbringer dieses Schreibens war der Botschafter Baron Petz. Ins Japanische übersetzt wurden die Grussworte von Alexander von Siebold, der damals als Übersetzer für die britische Botschaft arbeitete. Alexander von Siebold war der älteste Sohn des Arztes Philip Franz von Siebold, der in der Edo-Zeit (1603–1868) nach Dejima gekommen war. Bei Dejima handelt es sich um eine künstlich aufgeschüttete Insel in der Bucht von Nagasaki, die während der Edo-Zeit der einzige Ort des direkten Handels und Austauschs zwischen Japan und Europa war. Philipp Franz von Siebold war zwar 1829 auf Lebenszeit von Japan verbannt worden, weil er nach Ablauf seiner Dienstzeit versucht hatte, per Schiff verbotene Dinge wie u. a. Landkarten auszuführen, kehrte jedoch 1859, als die Verbannung nach dieser sogenannten „Siebold-Affäre" aufgehoben wurde, mit seiner deutschen Frau und den gemeinsamen Kindern nach Japan zurück.

Die Dokumente im Diplomatischen Archiv des Außenministeriums Japan berichten über den Besuch der österreichischen Delegation im Kaiserpalast und auch darüber, welche Geschenke überreicht wurden [S. 154, Abb. 74] (s. Dr. Bibas Aufsatz 01 dieses Buches über die österreichischen Dokumente). Neben anderen Geschenken erhielt die Kaiserin als Hauptgeschenk das bereits erwähnte Klavier, d. h. einen Bösendorf-Flügel, das im japanischen Dokument „österreichisches *Koto*" genannt wurde [S. 154, Abb. 75] (s. S. 52–53, Abb.

38 / S. 58, Abb. 47, wie ein japanisches *Koto* aussieht!). Vier Tage später ergab sich die erste Gelegenheit, dem Kaiser auf dem Klavier [S. 17, Abb. 7] vorzuspielen. In dem Dokument, das über die Vorbereitung dafür berichtet [S. 16, Abb. 6], wurde das Instrument nun „westliches *Koto*" gennant. Welche Stücke auf dem Programm standen, ist zwar, wie bereits erwähnt, in den japanischen Dokumenten nicht überliefert, doch berichtet Eugen von Ransonnet[3], ein Mitglied der österreichischen Delegation, dass er selbst bei dieser Gelegenheit u. a. die Stücke „Annen-Polka" von Johann Strauss Sohn und das „Venezianische Gondellied" von Felix Mendelssohn Bartholdy darauf spielte. Der Kaiser Meiji war offenbar mit seiner Leistung zufrieden, denn er belohnte ihn mit Geschenken (s. Dr. Bibas Aufsatz 01 dieses Buches).

Zunächst waren es hauptsächlich die Militärkapelle und christliche Kirchen, die diese neuartige westliche Musik in die breite Öffentlichkeit trugen. Nachdem die japanische Regierung erfahren hatte, dass bei diplomatischen Missionen üblicherweise eine Militärkapelle mitreiste, die bei zeremoniellen Anlässen die Nationalhymne ihres Landes zu spielen pflegte, sah sich die japanische Regierung vor die Aufgabe gestellt, eine Nationalhymne komponieren und sie von einer Militärkapelle einüben zu lassen, um sie ebenfalls bei solchen Anlässen vorzuspielen. 1871 waren die Musikkapellen von Armee und Marine bereit, Blasmusik einzustudieren. Auch die *reijin* genannten Musiker der kaiserlichen Hofkapelle, die seit dem 8. Jahrhundert *gagaku*, die traditionelle Hofmusik für die kaiserlichen Familie gespielt hatten, sollten nun westliche Musikinstrumente zu spielen lernen, damit sie bei zeremoniellen Anlässen, aber auch bei mehr vergnügungsorientierten Veranstaltungen wie Dinnerpartys und Bällen westliche Musik aufspielen konnten. Zuerst lernten sie Blasinstrumente, danach aber auch Streichinstrumente und Klavier zu spielen.

Unter diplomatischem Druck des Auslands war seit 1873 das Christentum in Japan wieder offiziell zugelassen, was dazu führte, dass Missionare aus den USA und aus Kanada nach Japan entsandt wurden. Sie brachten meist Harmonien aus der Heimat mit, mithilfe derer sie den am christlichen Glauben Interessierten das Singen von Hymnen beibringen konnten. Im Gegensatz zu diplomatischen Kreisen dürfte also zumindest am christlichen Glauben Interessierten Kirchenmusik vertrauter gewesen sein als Blaskapellenmusik.

Nicht zuletzt trug die Schulbildung wesentlich zur Einführung der westlichen Musik in Japan bei und zwar auf eine Weise, die alle Menschen betraf, denn 1872 wurde ein neues Schulsystem nach westlichem Vorbild geschaffen. Unter den 14 Fächern, die als Grundschulfächer ausgewiesen waren, stand an letzter Stelle auch das Fach „Gesang". Dem Bericht der Iwakura-Mission[4] zufolge, die in den USA eine Grundschule in San José in Kalifornien besucht hatte, sei „Singen mit Klavierbegleitung" dort eine tägliche Routine, denn dadurch könnten die Schüler Gott respektieren lernen und außerdem trage das „Singen" dazu bei, die Menschen mit einer positiven Persönlichkeit werden zu lassen.[5]

Dass das Fach „Gesang" eingeführt wurde, hatte also nicht nur das Ziel, die Musikalität der Japaner zu fördern, sondern auch, die Tugendhaftigkeit der Menschen zu kultivieren. Zu diesem Zeitpunkt gab es allerdings in Japan noch keine westlichen Musikinstrumente, die man hätte dafür einsetzen können und überdies auch niemanden, der sie hätte spielen können. Daher wurde bei der Einführung des neuen Lehrplans vorbehaltlich hinzugefügt, dass das Fach „Gesang" „vorerst fehlen sollte".

Der älteste Kaufbeleg bei dem Bildungsministerium für ein Musikinstrument stammt aus dem Jahr 1876; gekauft worden war ein Klavier als Begleitinstrument für Kindererziehung. Ein weiterer Beleg weist aus, dass 1879 sechs Klaviere für Gymnastikunterricht und zehn für Musikerziehung erworben wurden. Bei allen Instrumenten handelte es sich um amerikanische Tafelklaviere (*square pianos*). Es ist bemerkenswert, dass die ersten Instrumente nicht ausschließlich für die Musikerziehung sondern auch für Kindererziehung und Gymnastikunterricht gedacht waren.[6]

Von dem Klavier, das 1876 für den an der Ausbildungsschule für Lehrerinnen angeschlossenen Kindergarten gekauft wurde, ist ein Foto überliefert. Das Instrument, ein Tafelklavier (*square piano*), steht darauf in einer Ecke eines Spielzimmers. In diesem Kindergarten unterrichtete die Deutsche Clara Matsuno, die als einzige dort das Klavierspiel beherrschte.

Heutzutage mag es verwundern, dass ausgerechnet das Bildungsministerium 1879 sechs Klaviere für die Gymnastikerziehung kaufte. Es ist jedoch anzunehmen, dass die Musik für Gymnastik direkt auf dem Klavier gespielt wurde, weil es damals weder Plattenspieler noch

Radios gab. Und weil es auch noch keine japanischen Klavierspieler gab, wandte man sich wiederum an Clara Matsuno, wenn es darum ging, im Gymnastikunterricht Klavier zu spielen. Der Mangel an Klavierspielern lässt sich außerdem dadurch belegen, dass Clara Matsuno und Frank F. Jouette, Professor für Chemie an der Universität Tokyo, von der Normalschule für Frauen als Dozenten eingeladen wurden, dort zweimal pro Woche Klavierunterricht für angehende Lehrer zu geben.

Das Bildungsministerium fuhr mit dem Kauf von Musikinstrumenten fort, wobei die Zielsetzung war, sie genauso einzusetzen, wie es im amerikanischen Schulsystem, das als Vorbild diente, üblich war. Um eine größere Zahl von Klavierspielern und auch Lehrer für andere Instrumente auszubilden, waren jedoch Institutionen nötig, die dafür zuständig sein würden. So wurde 1879 die Musikforschungsstelle (*Ongaku torishirabe gakari*) gegründet, wo im darauffolgenden Jahr 22 Studenten anfingen, westliche Musik zu studieren. Sie lernten Noten zu lesen und begannen auch, mit Ferdinand Beyers „Vorschule im Klavierspiel op.101" das Klavierspiel zu erlernen.

Über die zehn Klaviere für die Musikforschungsstelle berichtete eine amerikanische Zeitung, dass die Firma Knabe sie gemäß der Bestellung des japanischen Bildungsministeriums im August 1879 nach Tokyo verschiffte. Davon sind nur wenige Fotos vorhanden und lange wurde geglaubt, dass alle Instrumente verschollen seien. 2007 wurde aber herausgefunden, dass doch noch eines existiert. Es handelt sich wiederum um ein Tafelklavier (*square piano*). Beim Zeitpunkt der Entdeckung wurde der Deckel entfernt und es stellte sich heraus, dass es nicht bespielbar war. Die Außenseite des entfernten Deckels trägt die Inschrift „Tokyo Music School" (Musikschule Tokyo), die bis 1887 noch Musikforschungsstelle geheißen hatte.[7] Der Herstellername Knabe und die Produktnummer deuten allerdings an, dass es sich um eins von den bereits 1879 importierten 10 Instrumenten handelte, weshalb zu vermuten ist, dass die Inschrift erst nachträglich angebracht wurde.

Bekanntlich waren Tafelklaviere (*square pianos*) oder Pianinos (*upright pianos*) zu dieser Zeit in Europa und in den USA populärer, was das bedeutet, dass es sich bei dem Flügel von Bösendorfer, der 1869 der Kaiserin geschenkt wurde, in der Tat um ein ganz besonderes Geschenk gehandelt hatte.

2. Um 1887: Umstellung auf Kunstmusik

Schauen wir uns nun die Änderungen an, die um 1887 einsetzten. Der Zeitraum von 1884–87 ist als *Rokumeikan*-Ära bekannt. Die japanische Regierung schloss nach der Öffnung des Landes zwar diverse Verträge mit westlichen Ländern ab, musste dann aber feststellen, dass die Bedingungen darin nachteilig für Japan waren, weshalb die Regierung alles daran setzte, diese ungleichen Verträge so rasch wie möglich abzuändern, damit die westlichen Länder Japan als modernes Land anerkannten, also als ein Land, mit dem sie auf Augenhöhe verhandeln und gleichberechtigte Verträge abschließen konnten. Um dies zu erreichen fiel es besonders Außenminister Kaoru Inoue zu, die Anpassung an westliche Standards voranzutreiben. Als eine von zahlreichen Modernisierungsmaßnahmen wurde 1883 das *Rokumeikan*, d. h. ein Festgebäude im westlichen Stil errichtet, damit es einen angemessenen Ort gab, wohin man ausländische Diplomaten zu Bällen mit westlicher Musik und anderen kulturellen Veranstaltungen einladen konnte. Um diese Zeit gab es bereits einige Japaner, die sich darauf verstanden, westliche Musik zu spielen, wie aus dem *ukiyo-e*[8] „European Orchestra Ensemble" (1889) von Chikanobu Yoshu hervorgeht. Vor diesem Hintergrund kam es zu weiteren Annäherungen an die westliche Musik.

Beispielsweise besuchten 1887 erstmals drei Japaner den Wiener Musikverein und schrieben sich in die Besucherliste ein [S. 49, Abb. 33]. Es handelte sich um Arata Hamao, Kuniyoshi Katayama und Kakuzo Okakura, von denen jedoch keiner hauptberuflich Musiker war. Arata Hamao war seit der Gründung der Universität Tokyo im Jahr 1877 Bildungsadministrator und Vize-Präsident der dortigen Fakultäten für Rechts-, Natur- und Literaturwissenschaft. Um diese Zeit hatte das Bildungsministerium eine Organisation namens *Zuga torishirabe gakari* (Malereiforschungsstelle) gegründet, um sich auf den Beginn der Kunsterziehung an Schulen vorzubereiten und als deren Leiter reiste Arata Hamao durch Europa, um die dortigen Bildungssysteme kennenzulernen. Kakuzo Okakura alias Tenshin Okakura war 1880 Beamter des Bildungsministeriums. Er fungierte von 1880 bis 1882 als Dolmetscher für den amerikanischen Lehrer Luther Whiting Mason und war auch als Übersetzer ausländischer Bücher an der Musikforschungsstelle tätig. Danach wurde er 1886 Mitglied der oben erwähnten Malereiforschungsstelle, die der direkte Vorgänger der Tokyo

Fine Arts School gewesen war. Zum selben Zweck wie Arata Hamao bereiste Okakura zusammen mit Ernest Fenollosa, einem amerikanischen Kunsthistoriker und Professor an der Universität Tokyo, Europa und besuchte auf dieser Reise auch die Gesellschaft der Musikfreunde in Wien. Kuniyoshi Katayama studierte an der Friedrich-Wilhelms-Universität zu Berlin (heute Humboldt-Universität zu Berlin) und dann an der Universität Wien forensische Medizin. Katayama wusste um die Bedeutung dieser Wissenschaft in einer Zeit, in der die Rechts- und Justizsysteme in Japan nach westlichem Muster erst im Entstehen begriffen waren. Als erster Japaner spezialisierte er sich auf diesem Gebiet und lehrte es nach seiner Rückkehr nach Japan an der Universität Tokyo.

Okakuras damaliges Besichtigungstagebuch, das noch erhalten ist, enthält den Eintrag, dass er am 5. April 1887 die Gesellschaft der Musikfreunde in Wien besuchte [S. 49, Abb. 32]. Doch besagt das Datum im Besuchsbuch des Musikvereins, dass es der 6. April war. Okakura schrieb auch, dass der damalige Direktor des Konservatoriums sie empfing und für sie eine Führung machte und gab dabei den Namen des Direktors mit „Sederberger" an, doch war dessen Name tatsächlich Hellmesberger. Dieser Diskrepanzen ungeachtet belegt das Tagebuch Okakuras Interesse dafür, wie das Konservatorium der Gesellschaft der Musikfreunde als Bildungseinrichtung für Kunst geführt wurde, und auch sein Interesse für die Struktur und Innenausstattung der beiden Säle in dem Gebäude der Gesellschaft, von denen er zwei kleine Skizze hinterließ.

Frau Prof. Ingrid Fuchs erwähnt in ihrem Aufsatz 05 *Nobu Koda* dieses Buches einen Artikel in damaligen Wiener Zeitungen, der von dem Besuch der Japaner in Wien berichtete. Sie „erbaten sich Exemplare aller Instructionen und auf die Administration des Conservatoriums bezügliche Vorlagen", weil „die japanische Regierung beabsichtigt, ein großes Musik-Institut auf Staatskosten in Japan zu errichten und musikalische junge Japanesen einen Instructionscurs am Wiener Conservatorium durchmachen zu lassen." Der Inhalt dieser Zeitungsartikel ist bemerkenswert, denn es wird berichtet, dass Arata Hamao und Tenshin Okakura maßgeblich an der Gründung der Tokyo Fine Arts School beteiligt waren, wenn Okakura auch von 1880 bis 1882 vorübergehend für die Musikforschungsstelle (später Tokyo Music School) arbeitete. Beide Schulen wurden zwar nach dem Zweiten Weltkrieg zur Tokyo University of the Arts zusammengeschlossen, aber die Zielsetzung beider Schulen war in der Meiji-Ära noch völlig anderer Art. Die Tokyo Fine Arts School war eine Jungenschule, die zum Ziel hatte, alte japanische Kunststile und -techniken zu bewahren, während die Tokyo Music School, die beiden Geschlechtern offenstand, mehr Wert auf die Vermittlung westlicher Musik legte. Es fällt auf, dass dies bislang nicht in der Geschichte der Tokyo Music School erwähnt wurde, ebensowenig wie der Besuch, den Hamao und Okakura, die beide Mitglieder der Malereiforschungsstelle waren, bei ihrem Aufenthalt in Wien dem Konservatorium der Gesellschaft der Musikfreunde abstatteten.

Während Hamao und Okakura noch in Europa weilten, waren die Vorbereitungen zur Eröffnung der Tokyo Music School und der Tokyo Fine Arts School allerdings bereits fast abgeschlossen. Die Vorstellungen der beiden Wienreisenden davon, wie eine Musikschule strukturiert sein sollte, wurden in Japan jedoch nicht ganz in ihrem Sinn verwirklicht. Seit Beginn der Meiji-Ära gab es sowohl progressive Neuerer, die westliche Dinge aktiv in den Lehrstoff integrieren wollten, als auch Anhänger der konservativen Richtung, die sich der von den Neuerern angestrebten extremen Verwestlichung widersetzten und die alten japanischen Werte priorisierten. Diese gegensätzlichen Positionen zu einer Einheit zusammenzufügen und eine von beiden Seiten getragene Bildungspolitik festzulegen, entpuppte sich deshalb sowohl für die Tokyo Fine Arts School als auch für die Tokyo Music School ein als äußerst langwieriger und zeitraubender Prozess. Bemerkenswert dabei ist, dass der Begriff „Kunst" seit dieser Zeit klar dem Bereich der Bildung zugeordnet wurde. Dies gilt auch für die Musik. Seit der ersten Phase des Erlernens der Notenschrift und des Klavierspiels begann sich um 1887 allmählich auch ein Bewusstsein für Kunstmusik zu entwickeln.

Werfen wir nun einen Blick auf den Grafen Toda, eine weitere Person, die zur damaligen Zeit wesentlich zur Einführung der westlichen Musik(kultur) beitrug.

Graf Ujitaka Toda [S. 50, Abb. 34] wurde 1854 in die Familie Toda, die die Ogaki-Domäne (heute in der Präfektur Gifu gelegen) beherrschte, geboren. Er trat bereits im Alter von zwölf Jahren die Nachfolge seines Vaters an und wurde Schlossherr von Ogaki. Obwohl die Ogaki-Domäne lange Zeit das Tokugawa-Shogunat unterstützt hatte, entschloss er sich, der neuen Regierung zu folgen. Basierend auf sein Verdienst im Bo-shin-Krieg (1868–69) wurde der erst Achtzehnjährige zum Gouverneur der Ogaki-Domäne ernannt. Das war das Jahr, in dem die ersten diplo-matischen Beziehungen zwischen Österreich und Japan geknüpft wur-den. 1871 heiratete er Kiwako, die Tochter von Tomomi Iwakura, der ein berühmter Staatsmann und Politiker und auch Leiter der oben er-wähnten Iwakura-Mission war, und ging anschließend fünf Jahre in die USA, um dort zu studieren.[9] 1882 begleitete er Graf Hirobumi Ito, einen bedeutenden japanischen Politiker, der 1885 der erste Premierminister Japans wurde, auf einer fünfmonatigen Europareise. Sein damaliger Pass ist noch erhalten [S. 159, Abb. 76]. Diesen Auslandserfahrungen und auch seinen guten Englischkenntnissen verdankte er seine spätere Kar-riere als Diplomat.

Der Zeitraum von 1884 bis 1887, in dem er in Japan in Staats-diensten stand, war die Ära der Rokumeikan-Diplomatie. Graf Toda spielte eine aktive Rolle als Gastgeber bei vielen illustren Anlässen und auch seine Gattin, die Gräfin Toda, war eine der Zentralfiguren in dip-lomatischen Kreisen [S. 160, Abb. 77]. Bei verschiedenen Festlichkeiten, zu denen ausländische Diplomaten eingeladen waren, machte sie auf sich aufmerksam, weil sie stets ein elegantes westliches Kleid trug, in dem sie eine sehr gute Figur machte und überdies sowohl gut Englisch sprechen konnte als auch gut zu westlicher Musik zu tanzen verstand.

Außerdem nahm Graf Toda 1887 an der Gründungsberatung der Konzertorganisation Japan Concert Society (*Nihon Ongaku kai*) im *Rokumeikan* teil. Dies war eine Organisation, die die Musik förderte, um Japan die Anerkennung westlicher Nationen zu erleichtern und außerdem versuchte, mit guter Musik den Geschmack der Menschen zu verfeinern. Regelmäßige Konzerte wurden geplant, zu denen aus-ländische Diplomaten als Ehrengäste eingeladen werden sollten. Drei Jahre nach seiner Gründung hatte diese Organisation bereits neunzig Mitglieder. Die Kleiderordnung für Männer, die verlangte, dass beim Hören von Konzerten Gehrock oder Cutaway zu tragen seien, lässt jedoch erkennen, dass das anvisierte Publikum der Oberschicht entstammte.

Nach der Gründung der Japan Concert Society wurde Graf Toda als japanischer Gesandter nach Wien beordert, wo er bis 1890 drei Jahre mit seiner Familie lebte. Kentaro Kaneko, der in dieser Zeit Wien besuchte – einer der Staatsmänner, die unter dem Politiker Hirobumi

Ito die Verfassung des kaiserlichen japanischen Reiches entwarfen – wurde von Graf und Gräfin Toda in Wien betreut und österreichischen Politikern und Gelehrten vorgestellt. Er erinnert sich daran, dass man ihm als Gast bei der Familie Toda japanische Küche servierte.[10] Gräfin Toda, die das japanische *Koto* sehr gut beherrschte[11], spielte das Instrument höchstwahrscheinlich auch in Wien. Damals veröffentlichte der Pianist Heinrich von Bocklet Noten japanischer Volksmelodien für Klavier in Wien mit einer Widmung an Graf Toda auf der Titelseite [S. 50, Abb. 36]. Es ist bekannt, dass Johannes Brahms, der eine Kopie dieser Noten besaß, eigenhändig Notizen und Klangkorrekturen hineinschrieb [S. 51, Abb. 37]. Es ist durchaus denkbar, dass Brahms in Wien bei einer Veranstaltung anwesend war, bei der Gräfin Toda japanische Melodien spielte und so sein Interesse daran geweckt wurde. Davon inspiriert schuf der bekannte Maler Tadashi Moriya 1992 ein auf einen Wandschirm gemaltes Bild, das Johannes Brahms und Gräfin Kiwako Toda zeigt [S. 52–53, Abb. 38].

Graf Toda war als japanischer Gesandter in Wien mit verschiedenen Aufgaben betraut, doch bestand die wichtigste darin, Verhandlungen aufzunehmen, die zur Änderung des Ungleichheitsvertrags, den Japan mit Österreich geschlossen hatte, führen sollten. Obwohl er Auslandserfahrung hatte, war es nicht einfach, solche Vertragsrevisionen auszuhandeln. Behilflich als Dolmetscher und Berater war ihm dabei der bereits erwähnte Alexander von Siebold. Seit der Landesöffnung Japans spielte er in diplomatischen Kreisen eine wichtige Rolle als Dolmetscher, um die Verhandlungen zwischen der japanischen Regierung und diversen westlichen Nationen zu unterstützen. Er war auch dabei, als Graf Toda 1889 an Vertragsrevisionsverhandlungen in der Schweiz teilnahm. Alexander von Siebold hinterließ ein umfangreiches Tagebuch und zahlreiche Aufzeichnungen, in denen der Name Graf Toda des öfteren zu finden ist.[12] Die Verhandlungen mit Österreich zogen sich jedoch enorm in die Länge und die Vertragsrevision wurde erst 1897 erreicht, als Graf Todas Amtszeit bereits beendet war.

Die Arbeit von Graf Toda als japanischer Gesandter bestand jedoch nicht nur aus diplomatischen Verhandlungen, denn er war auch als eine Art Musikbotschafter tätig. 1888 erreichte ihn in Wien eine Anfrage von der Tokyo Music School, ob er nicht jemanden kenne, der sowohl Komposition als auch Orchesterleitung unterrichten könne, um das Unterrichtsniveau der Schule zu erhöhen. In Bezug auf den Auswahlprozess schrieb Graf Toda einen Bericht nach Japan [S. 54, Abb. 41]. Zu dieser Zeit gab es in Wien zwar viele gute Musiker, aber es gab nur wenige, die auf Englisch unterrichten konnten. Graf Toda beriet sich daher mit Joseph Hellmesberger, dem Direktor des Konservatoriums der Gesellschaft der Musikfreunde und dieser stellte ihm Rudolf Dittrich [S. 54, Abb. 40 ∕ S. 55, Abb. 43] vor. Dittrich, der 1888 als Lehrer der Tokyo Music School aufgenommen und nach Tokyo versetzt wurde [S. 55, Abb. 44], unterrichtete fortan die Schüler der Tokyo Music School auf Englisch und spielte auch bei Konzerten im *Rokumeikan* und im Kaiserpalast Geige, wodurch das Repertoire der japanischen Musikstudenten erheblich erweitert und das Niveau ihrer Aufführungen verbessert wurden. Ein weiteres interessantes Dokument über Dittrich betrifft das von ihm mitgebrachte Instrument [S. 55, Abb. 42]. Als er nach Tokyo versetzt wurde, schickte er sein Klavier separat, wofür ihm jedoch die Einfuhrsteuer bei der Zollabfertigung im Hafen von Yokohama erlassen wurde. Die Tatsache, dass er sein eigenes Klavier auf dem Seeweg schicken musste, zeigt, dass Klaviere zu dieser Zeit in Tokyo noch kaum verbreitet waren und deshalb als sehr wertvolle Objekte galten. Selbst in der Tokyo Music School hatte man damals nicht sehr viele Klaviere, weshalb die Übungszeiten so festgesetzt wurden, dass jeweils drei Studenten sich ein Klavier jeweils eine Stunde zu teilen hatten. Einmal bemerkte jedoch Dittrich in der Schule, dass drei Studenten gleichzeitig auf einem Klavier übten und empfahl ihnen, dass jeder nur zwanzig Minuten allein üben solle.[13]

So wurde die Idee der Kunstmusik gegen Ende der 1880er Jahre zumindest an Schulen zwar populärer, blieb jedoch im außerschulischen Bereich immer noch etwas Exotisches oder sogar völlig Unbekanntes.

Als die Zahl der Absolventen der Musikforschungsstelle, die Klavier und Orgel spielen konnten, anstieg, wurde aber auch etwa ab 1884 die Forderung nach Aufnahme des „vorerst fehlenden" Faches „Gesang" in den Lehrplan dringlicher. Um dies zu erreichen, wurden die Absolventen der Schule als Lehrer für Lehrerausbildungsschulen in jede Präfektur geschickt, wo sie den Studenten die Grundlagen der Musik und des Klavier- oder Orgelspiels lehren sollten. Dann sollten die Absolventen der Lehrerausbildungsschule die Kinder an den Schulen der

Präfekturen unterrichten. Als erste Stufe dieses Prozesses begann nun jede Präfektur, ihre Lehrerausbildungsschule mit einem Harmonium (*reed organ*) auszustatten. Zwar hatte die Musikforschungsstelle anfänglich Klaviere für die Musikerziehung benutzt, aber man merkte bald, dass Klaviere zu teuer waren und regelmäßig gestimmt werden mussten, weshalb das Bildungsministerium beschloss, anstelle von Klavieren Pedalorgeln/Harmonien als Instrument für die Musikerziehung einzusetzen. So kaufte jede Präfektur ab etwa 1884 ein im Ausland hergestelltes Harmonium. Allgemeine Grundschulen konnten sich in dieser Zeit jedoch noch keine Musikinstrumente leisten. Um auch in den Grundschulen das Fach „Gesang" zu verwirklichen, hätte jede Schule mindestens eines dieser Instrumente gebraucht. Da von Ausländern importierte Harmonien sehr teuer waren, beschloss daher Torakusu Yamaha, der Gründer der Firma Yamaha, der heutigen Yamaha Corporation, selbst solche Instrumente zu produzieren und billiger als die ausländischen anzubieten. Er hatte Erfahrung in der Herstellung und Reparatur westlicher medizinischer Instrumente und Uhren und fertigte nach der Reparatur des kaputten Harmoniums einer Grundschule in Hamamatsu einen Prototyp dafür an. Beim Stimmen des neuen Instrumentes half ihm Suzuko Okawa, eine Schülerin der Toyo-Eiwa-Schule, einer Missionsschule in Tokyo, wo man auch Orgelspiel und Hymnensingen lehrte. In der Stadt Hamamatsu gab es damals nur ein einziges Harmonium als Vorbild, und nur wenige Menschen, die westliche Tonleitern in der richtigen Tonhöhe singen konnten, weshalb ihre Fähigkeit, richtige Tonhöhen zu erkennen, eine wichtige Rolle bei der Herstellung des Yamaha-Harmoniums spielte.[14]

Infolge der inländischen Produktion von Harmonien ab 1887 konnten sich bald alle Grundschulen ein solches Instrument leisten und in den Klassenzimmern der Grundschulen begannen bald überall im Land Kinder begleitet von ihren Lehrern an der Pedalorgel Lieder singen zu lernen und mit der Musik mit westlichen Tonleitern immer vertrauter zu werden.

3. Nach 1900: Die Ausbildung von Orchestermusikern

Die japanische Diplomatie erreichte einen wichtigen Wendepunkt als Japan den Chinesisch-Japanischen Krieg (1894–95) gewann und dadurch seine internationale Position stärken konnte. Es bedeutete aber auch, dass mehr und mehr offizielle Veranstaltungen zu erwarten waren, bei denen westliche Musik erwartet wurde. Es wurde deshalb um 1900 beschlossen, die Hofmusikkapelle zu verstärken.

Seit Beginn der Meiji-Ära 1868 spielte die Hofmusikkapelle bei solchen Anlässen neben japanischer *gagaku*-Musik zwar auch westliche Blas- und Orchestermusik, da jedoch die ausländischen Kapellmeister bis dahin aus Militärkapellen stammten, waren die Musiker zwar schon recht gut im Spielen von Blasmusik, was sie jedoch noch nicht gut beherrschten, war Orchestermusik, bei der bekanntlich auch Streicher eine wichtige Rolle spielen. Es war also dringend nötig, einen mit Orchestermusik vertrauten Kapellmeister für die Hofmusikkapelle zu finden. Die Suche nach einem geeigneten Kandidaten begann um 1900.

Zu diesem Zeitpunkt war Graf Toda bereits nach Japan zurück-gekehrt, fügte seinem Herrenhaus in Surugadai ein Gebäude im Wiener Stil hinzu[15] und wurde Beamter der kaiserlichen Haushaltsagentur. Im Archiv der kaiserlichen Haushaltsagentur ist noch ein Dokument aus dem Jahr 1900 erhalten, das Aufschluss über diese Suche nach dem Leiter eines kaiserliche Orchesters gibt [S. 163, Abb. 78]. Da Graf Toda – nun Zeremonienmeister – jahrelang als japanischer Gesandter in Wien tätig gewesen war und mit der dortigen Musikgesellschaft ver-traut war, schien es naheliegend, einen Musiker aus Wien zu berufen. Das Dokument ist mit Todas Siegel als Zeremonienmeister versehen und enthält klar formulierte Bedingungen für die Einstellung eines Österreichers, der sowohl mit Blas- als auch mit Orchestermusik ver-traut war und zudem das Wiener Konservatorium absolviert hatte. Auf diese Bitte hin teilte Nobuaki Makino, der damalige japanische Ge-sandte in Wien, Graf Toda einige Monate später mit, dass ein Emp-fehlungschreiben von Joseph Hellmesberger II. [S. 54, Abb. 39], dem damaligen Professor des Wiener Konservatoriums vorlag, worin er Wilhelm Dubravčich[16] [S. 63, Abb. 53] als Kandidat empfahl. Dieses auf Französisch abgefasste Empfehlungsschreiben von Hellmesberger jun. ist noch erhalten [S. 63, Abb. 52].

So kam Dubravčich 1901 als Musiklehrer für die Hofkapelle nach Japan und unterrichtete sie 24 Jahre lang. In der Zwischenzeit wurde 1909 Graf Toda zum Großmeister der Zeremonien befördert, so dass im Arbeitsvertrag dieses Jahres [S. 63, Abb. 54] die Namen von Graf Toda und Dubravčich nebeneinander stehen.[17] Dubravčich bildete also die Musiker der Kapelle aus und ließ bei Anlässen wie beispielsweise einem Abendessen des Kaisers mit ausländischen Gästen Orchestermusik aufspielen. In der Folgezeit rückte die Orchestermusik allmählich ins Zentrum von Musikdarbietungen bei offiziellen Anlässen. Später, im Jahr 1924, dirigierte er auch ein Orchester beim Hochzeitfest des Kaisers Showa [S. 64, Abb. 55].

Außerhalb des Kaiserpalastes war Dubravčich auch Berater der Konzertorganisation Meiji Music Society (*Meiji Ongaku kai*). Zur Zeit Dittrichs war die Japan Music Society (*Nihon Ongaku kai*) eine Organisation, die besonders für Musikinteressierte der Oberschicht Konzerte veranstaltete. Die Meiji Music Society war hingegen eine Organisation, deren Ziel es war, genügend Musiker für Orchesterkonzerte zusammenzubringen. Dubravčich war seit 1904 Berater dieser Organisation und hatte sich zum Ziel gesetzt, ein Programm mit ausschließlich europäischen Stücken wie zum Beispiel mit Opernouvertüren, Mozarts Symphonien oder Kammermusikstücken wie Streichquartetten zu verwirklichen. Seine Bemühungen brachten eine große Veränderung im Aufführungsrepertoire mit sich. Das Orchester der Meiji Music Society bestand um 1900 aus etwa 15 Personen, wurde aber während Dubravčich der Leiter war bis auf 40 Personen vergrößert. Kósçak Yamada erwähnt, dass Dubravčich damals in Wiener Stil dirigierte, seine Geige in der Hand haltend.[18]

Auf diese Weise trug Dubravčich zur Verbreitung der Orchestermusik nicht nur im Kaiserpalast bei, sondern weckte auch das Interesse der Allgemeinheit durch öffentliche Konzerte. Darüber hinaus war er als Komponist des Trauermarsches für Kaiser Meiji bekannt. Bis in die 1920er Jahre unterrichtete er in Japan. 1921 erregte er große Aufmerksamkeit durch die Leitung des Tokyo Symphony Orchestras mit fast fünfzig Musikern der Hofkapelle und Absolventen der Tokyo Music School [S.164, Abb. 79, 80]. Er starb 1925 in Japan, wo er bis zu seinem Tod lebte, ohne jemals in sein Heimatland zurückzukehren.

Der Zeitraum von 1869 bis in die frühen 1900er Jahre entspricht gerade dem Beginn der Einführung westlicher Musik in Japan. Es war eine Zeit, in der es fast keine Japaner gab, die sich auf westliche Musik spezialisierten, und in der die Reise- und Übertragungsmedien noch sehr beschränkt waren. Eine wichtige Rolle spielten dabei eine Reihe von Leuten, die zwischen Österreich und Japan pendelten und somit Gelegenheit hatten, die jeweils fremde Kultur selbst zu erleben, wodurch sie wesentlich dazu beitrugen, neue Anreize für den kulturellen Austausch zwischen den beiden Ländern zu schaffen und zu fördern.

Etwas später, ab den 1910er Jahren, trugen auch Schallplatten zur weiteren Verbreitung bei, was u. a. dazu führte, dass auch Richard Wagners Werke bekannt wurden. Zur selben Zeit begann auch die heimische Klavierproduktion. Ab Mitte der 1910er Jahre waren es insbesondere die Aufführungen der Asakusa-Oper und der Takarazuka-Frauen-Oper, die die breite Öffentlichkeit noch intensiver an die westliche Musik heranführten. Zehn Jahre später wurde ein Sinfonieorchester gegründet und ein Musikwettbewerb veranstaltet. Heute ist klassische Musik nicht mehr wegzudenken aus der japanischen Musikwelt und die Absolventen der japanischen Musikhochschulen genießen einen guten Ruf, weshalb viele von ihnen auch im Ausland gefragte Künstler sind. Bemerkenswert und nicht zu verleugnen ist es, dass der musikalische Austausch mit Österreich in den frühen Phase der Ausbreitung der westlichen Musik in Japan einen sehr wichtigen Einfluss hatte.

1   Wahrscheinlich ist das Klavier nicht mehr erhalten.

2   Hiroshi Mizutani, Die Geschichte der Nationalhymne Kimi-
    gayo, in: Kimigayo no subete [Alles über Kimigayo](CD)
    KICG3074, S. 23–31.

3   Ransonnet zeichnete während der Aufstellung der Geschenke
    für den Kaiser die Skizze des Kaiserhofs. Diese Skizze, jetzt im
    Diözeanarchiv Linz vorhanden ist, wurde von Peter Pantzer und
    Nana Miyata mit der Hilfe von Yoshimitsu Iwakabe mit japani-
    schen Dokumenten verglichen und erwies sich als präzis. Peter
    Pantzer–Nana Miyata, Klavierkonzert und Geschenke für den
    jungen japanischen Kaiser im Jahr 1869, in: OAG Notizen 12,
    2020, S. 18–36.

4   Bei der Iwakura-Mission handelt es sich um die von 1871 bis
    1873 dauernde Reise einer Forschungsgruppe, die Nordamerika
    und Europa bereiste, um die Struktur der dortigen Staaten zu
    studieren. Die dabei gewonnenen Erkenntnisse spielten für die
    Entwicklung des modernen Staates Japan eine entscheidende Rolle.

5   Kunitake Kume, Tokumei Zenken Taishi Beiou Kairan Jikki
    Gendaigoyaku [Wahrer Rundschreibbericht über die USA/
    Europa-Mission des bevollmächtigten Sonderbotschafters. Mo-
    derne Übersetzung] I, Tokyo: Keio University Press, 2005, S.
    82 (15. Dezember 1871 in San Jose).

6   Midori Takeishi, Meiji Shoki no Piano. Monbusho Konyu Gakki
    no Shiryo to Genzon Jokyo [Klaviere in der frühen Meiji-Zeit:
    Dokumente und Überlieferung der vom Bildungsministerium
    gekauften Musikinstrumente], in: Bulletin, Tokyo College of
    Music 33, 2009, S. 1–21.

7   Dieses Klavier wurde danach repariert und befindet sich seitdem
    in Seitoku University.

8   Ukiyo-e ist ein Oberbegriff für farbige Bilder, Farbholzschnitte
    und illustrierte Bücher.

9   Bei dieser Gelegenheit begleitete ihn sein Halbbruder Kindo
    Toda. Letzterer widmete sich in den Vereinigten Staaten dem
    Christentum, ließ sich nach seiner Rückkehr nach Japan taufen

und wurde 1874 Co-Sponsor von Japans erstem christlichen Buchladen Jyujiya (Jyuji bedeutet Kreuz), wo er Harmonien und Shiko-kin, ein von ihm selbst erfundenes Instrument [eine Art von Leierkasten] verkaufte. Atsuko Kaneko, Shiko-kin no rekishi [Die Geschichte von Shiko-kin], in: Journal of the Musicological Society of Ochanomizu University Sonderheft, 2006, S. 253–254.

10 Kentaro Kaneko, Hakushaku Gofusai o omou [Erinnerung an das Grafenpaar], in: Keito-roku [Respektvolle Erinnerung], Ogaki: Bijo-kai, 1936, S. 121–122.

11 Takako Hosokawa, Goryoshin no Goseikyo o kanashimite [Trauer um den Tod meiner Eltern], in: Keito-roku. Ogaki: Bijo-kai, 1936, S. 102 (Meine Mutter mochte Koto, als sie jung war, [......]. und hat uns viel beigebracht, wenn sie Zeit hatte.).

12 Vera Schmidt (hg.), Korrespondenz Alexander von Siebolds: in den Archiven des japanischen Außenministeriums und der Tokyo-Universität, 1859–1895. Wiesbaden: Harrassowitz, 2000, S. 499–501, 506–507, 616–619.

13 Tokyo Geijutsu Daigaku Hyakunen-shi. Tokyo ongaku gakko hen. [100 Jahre Tokyo University of the Arts. Tokyo Music School] Bd.1, Tokyo 1987, S. 521.

14 Midori Takeishi, Yamaha Organ no Sogyo ni kansuru Tsuika Shiryo to Kosatsu [Zusätzliche Materialien und Überlegungen zur Gründung der Yamaha Organ Co.], in: To-tomi 27, 2004, S. 1–18.

15 Kentaro Kaneko, Hakushaku Gofusai o omou [Erinnerung an das Grafenpaar], in: Keito-roku [Respektvolle Erinnerung]. Ogaki: Bijo-kai, 1936, S. 121.

16 Er schrieb seinen Vornamen manchmal als Guglielmo statt Wilhelm.

17 Laut dem beigefügten Lebenslauf stammte er aus der Stadt Rijeka (heute in Kroatien). In japanischen Dokumenten wurde sein Name in verschiedenen Variationen geschrieben.

18 Kósçak Yamada, Richard Strauß no Insho [Der Eindruck von Richard Strauss], in: Shi to Ongaku [Poesie und Musik] 2/3, 1923, S. 74.

ウィーン楽友協会音楽院の卒業生　幸田延

イングリット・フックス

　1887年4月初め、ウィーンで有名な新聞二紙(『ディ・プレッセ』と『ノイエ・フライエ・プレッセ』)には、「ウィーン音楽院における日本人」[1]という見出しで、日本の使節団がウィーン楽友協会音楽院を訪問したことを伝える記事が掲載された[図81]。「公教育監督であり文部省図画取調掛長でもある濱尾新氏が、ウィーン音楽院の情報を蒐集するために訪問した」。ちょうど復活祭の休暇が始まっていたため、学生が小品数曲を演奏するといった「急ごしらえの応対しかできなかった」「濱尾氏とその同行者は、校長ヘルメスベルガーに案内されて教室や図書館、博物館を見学し、見聞した事物へ並々ならぬ関心を寄せ、訪問者記録簿に彼らの名前を記した」[49ページ、図33]。ここに署名したのは、濱尾新のほかに片山國嘉、そして1890年に東京美術学校(現在の東京藝術大学美術学部)の校長となった岡倉覚三である。3人は、「日本政府が国立の音楽学校設立を計画し、日本の音楽学生がウィーン音楽院と同様の教育課程で学ぶことができるようにするため、教育と音楽院の運営にかかわるすべての資料の提供を要望した」。

　この「教育課程」は実現しなかったものの、日本人による初めてのウィーン楽友協会訪問は、重要な二つの結果を生むこととなった。そのひとつは、ウィーン楽友協会音楽院の卒業生ルドルフ・ディットリヒ[54ページ、図40／55ページ、図43]が1888年に東京音楽学校(現在の東京藝術大学音楽学部)の教師として招聘されたことである。ディットリヒは1878 〜 1882年にウィーン楽友協会音楽院でヨーゼフ・ヘルメスベルガーⅡ世[54ページ、図39]にヴァイオリンを、アントン・ブルックナーにオルガンを、フランツ・クレンに作曲を学んだ人物で、今日、日本における西洋音楽伝統の基礎を築いた一人として捉えられている。二つめの結果は、ディットリヒの推薦により、1890年に若い日本のヴァイオリン奏者幸田延がウィーンを訪れ、ウィーン楽友協会音楽院で学ぶようになったことである。彼女もまた、

左 links｜81
「ウィーン音楽院の日本女性」
『ディ・プレッセ』
1887年4月6日10ページ
Japanesen im Wiener Conservatorium, in: Die Presse vom 6.
April 1887, S. 10

右 rechts｜82
幸田延
写真：撮影者・年代不明
Nobu Koda
Unbezeichnete Fotografie, o. J.

[Japanesen im Wiener Conservatorium.] Der bei der japanesischen Gesandtschaft in Wien derzeit weilende Director des öffentlichen Unterrichts und Präsident der Commission für schönen Künste im Unterrichtsministerium zu Japan, Herr A. Hamao, besuchte heute zum Zwecke der Besichtigung und Information das Wiener Conservatorium. Mit Rücksicht auf die soeben eingetretenen Osterferien konnte nur eine improvisirte Production ermöglicht werden; es wurden ein Duett für Sopran und Baß, Lieder und eine Violinpièce vorgetragen. Herr Hamao und seine Begleiter besuchten hierauf unter Führung des Directors Hellmesberger mehrere Lehrzimmer, die Bibliothek und das Museum, bezeugten lebhaftes Interesse für das Gesehene und Gehörte, zeichneten ihre Namen in das Fremdenbuch und erbaten sich Exemplare aller Instructionen und auf die Administration des Conservatoriums bezügliche Vorlagen. Die japanesische Regierung beabsichtigt, ein großes Musik-Institut zu errichten und musikalische junge Japanesen einen Instructionscurs am Wiener Conservatorium durchmachen zu lassen.

卒業して東京に戻ってから、ウィーンで培われた西洋音楽の伝統を日本に伝えるパイオニアとなった。反対にディットリヒは日本からウィーンに帰国したのちには、日本音楽全般の識者とみなされるようになった。

　幸田延は1870年4月19日に東京で生まれた。両親は1868年の明治維新後に特権を失った士族の出身である。つつましい経済状況の中でできるだけ高い教育を受けるために、子どもたちは当時新設された国立の小学校に入学した。それは女の子にとっては当時はまだ珍しいことであった。歌と琴を学んだ12歳の延は、1882年に音楽取調掛の伝習生となった。音楽取調掛とは、1879年に創設され、1887年に東京音楽学校となった組織である。ここで彼女は音楽の教師として独り立ちすることを目指して、ルーサー・ホワイティング・メーソンをはじめとする外国人教員にピアノ、ヴァイオリン、声楽、西洋音楽理論、西洋音楽史を学んだ。ピアノとヴァイオリンを専攻して1885年に卒業すると、専攻科に進み、同時に助手も務めた。しかし当時の音楽取調掛には、幸田延の才能と技能をさらに適切に導くことのできる高い技能をもつ器楽教員がいなかった。この状況に変化をもたらしたのが、西洋音楽の専門教育の基礎を築くために、1888年に東京音楽学校の教員として着任したルドルフ・ディットリヒである。彼は幸田延の才能をすぐに見抜き、日本政府(文部省)の奨学金による初の音楽留学生として、アメリカとドイツでさらに幅広い教育を受けることを提案した。結局彼女は、ルドルフ・ディットリヒの助言により、アメリカに続く第二の勉

左 links | 83
ウィーン楽友協会内の音楽院
写真 | ヨーゼフ・ヴルハ
ウィーン　1890年頃
Das Konservatorium der Gesellschaft der Musikfreunde in Wien
im Musikvereinsgebäude
Fotografie von Josef Wlha, Wien
um 1890

右 rechts | 84
ウィーン楽友協会音楽院出願の
際に添付された音楽学習歴
「日本出身　幸田延」と自筆で記さ
れている
1891年9月5日
Musikalischer Studiengang, unterzeichnet mit „Nobu Koda aus
Japan". Beilage zum
Aufnahmegesuch für das Konservatorium vom 5. September
1891

強の地としてウィーンで学ぶことを決心した。

　幸田延は1889年5月に日本を出発してボストンに向かい[2]、有名なニューイングランド音楽院で1年間勉強した[図82]。ここで彼女にヴァイオリンを教えたエミール・マールは、有名なヴァイオリニスト、ヨーゼフ・ヨアヒムの弟子である。またピアノは、フランクフルトで音楽教育を受けたピアニスト、カール・フェルテンについた。すなわちすでにアメリカにおいて、彼女はドイツ出身の芸術家に師事し、その音楽観に親しんでいたことになる。1890年7月に彼女はアメリカから船でヨーロッパに向かい、10日後にブレーメンに到着、その後ウィーンに向かった。当時彼女は日本の物理学者・音楽理論家・発明家である田中正平[136ページ、図69]と出会っている。田中はベルリンで、有名なヘルマン・ヘルムホルツ教授とカール・シュトゥンプフ教授の下で物理学と音響学を学び、純正律（平均律とは反対の調律）に取り組んでいた。これを実用化するために、田中はエンハルモニウムと銘打った一種のオルガン[137ページ、図70]を発明し、これを諸都市で実演し、1890年の夏にはウィーンにも来たのであった。アントン・ブルックナーもこの楽器に大きな関心を示したことは、本書の論考03（ブラームスとブルックナー）の補説において詳述されている。

　幸田延はウィーンで部屋を借り、さらに当時日本公使であった戸田氏共伯爵、あるいはブラームスと接点を持っていたことで知られる戸田極子伯爵夫人[138ページ、図71]と連絡を取った。だが、当時はまだドイツ語に苦労していたために不愉快な出来事もあった。公使邸から自分の部屋に帰ろうとして道に迷ってしまい、道行く人に尋ねても言葉が通じなかったため、住所の書かれた紙片し

か頼るものがなく、結局公使館に戻されてしまったのである。

　幸田延はその次の年をウィーンで過ごし、ドイツ語を学びながら、ウィーン楽友協会音楽院[図83]の入学試験に備えてヴァイオリンに磨きをかけた[3]。1890年（と翌年）の学校規則[4]には次のような入学規則が記されている。すなわち、男性女性ともに入学可能であるが、女性はチェロ、コントラバス、管楽器専攻を受験することができない。ヴァイオリン専攻では、女性は「特に優秀で専門課程の履修開始が可能なレベルの能力をもつ者のみ採用する」こととなっていた。つまり、女性のためにヴァイオリン専攻の準備課程は設置されていなかった。専門課程入学のためには、特別な音楽的才能に加えて専攻楽器についての詳しい知識を有することが求められたが、幸田延は日本とボストンにおける勉強により、その蓄積をすでに得ていた。

　1891年9月5日、幸田延は自筆で署名した入学願書を音楽院に提出した[61ページ、図49]希望する教員としてヨーゼフ・ヘルメスベルガーの名が記され、必要とされる納付金をすべて支払い、住所は音楽院から遠くない第6区のマグダレーネンシュトラーセ15番となっている。これは今日では地下鉄で一駅の距離である。生年月日として記された「1872年3月」というのは正しくない。実際、彼女は1870年4月19日生まれで、1891年秋にはすでに21歳になっていた。これは、当時の学校規則[5]で20歳を超えた女性（男性の場合24歳）は入学できないという規則に起因するものと思われる。おそらくこの規則の適用を受けずに入学できるように、幸田延は年齢を2歳若く申告したのであろう。

　入学願書には、自筆で書き込まれた「音楽歴」[図84]の文書が添付されている。ここでは「2年半」ヴァイオリンを学んだとされているが、これはあまりにも過小評価であろう。さらに、これまでに学んだ楽曲として次の曲が挙げられている。クロイツァー、ローデ、フィオリッロ（綴りがまちがっているが）、シュポール、[ヨーゼフ・]マイゼーダー、加えて[ヨーゼフ・]ヘルメスベルガーの音階練習と[ヨーゼフ・]マクシンツァクの和音練習——このうち最後の3人の作曲家はウィーンの著名なヴァイオリニストの練習曲であり、確かにウィーン音楽院の入学試験で成功するにはよい選択であった。

　幸田延の在籍簿［61ページ、図50］から、彼女が1891年秋からヴァイオリン専攻として学び、1894/95年の最後に卒業証書を受け取ったことがわかる。在籍簿の中面には履修して合格した科目名が、教員の名前と評点とともに明記されている。特記すべきことは、在学中に履修したどの科目においても、例外なく最もよい評点である「1」が記されていることである。在籍簿と音楽院の年次報告書から、さらに幸田延が第2年目にあたる1892/93年の春から休学し、1893/94年に2年目の科目を取り直していることがわかる。これに関連する文書はウィーン楽友協会アルヒーフに保存されている。

　1893年3月9日にミラノで署名された幸田延の休学願には「健康がすぐれないため」という理由が記され、添付されたミラノの主治医による1893年3月8日付の診断書には精神不安定と貧血のために旅行と学業の継続ができないことが記されている。これに、1893年3月15日付のウィーンの日本公使館の書状が加えられて、休学願と診断書は公のルートで音楽院の事務局に提出された。当時、幸田延の健康状態が明らかにすぐれなかった理由は推測するしかないが、心理的な要因が大きかったのであろう。長く外国暮らしを続けていることに加えて、勉強で成果を挙げなければならないという大きな重圧、そして異なる文化圏から来た女性が一人暮らしをしているという生活状況も大きかったと思われる。ともかくも休学願は承認され、彼女は1893年の秋から2年目をやり直すこととなった。

　幸田延は主専攻のヴァイオリンをヨーゼフ・ヘルメスベルガーⅡ世［54ページ、図39］に学んだ。これは、彼女の指導者であったルドルフ・ディットリヒを指導した人物である。ヨーゼフ・ヘルメスベル

ガーはウィーン・フィルハーモニー管弦楽団員、コンサートマスター、指揮者、作曲家であり、ウィーン派のヴァイオリニストを代表する重要人物であった。つまり幸田延は、有名なウィーンの音色と様式の伝統の中で教育を受けたのである。副専攻のピアノはフリーデリケ・ジンガー[図85]についた。音楽院のピアノ専攻学生の90％が女性であったにもかかわらず、ジンガーは初めての、そして唯一の女性教師として1889年から教鞭を執っていた。幸田延はすでに充分なピアノの基礎教育を受けていたため、第1年目にしてすでに2年目の学生と同じクラスに入れられた。彼女はさらに1年目に、副専攻として和声論をヘルマン・グレーデナー教授[図86]に学んだ。彼はヴァイオリニスト兼作曲家であり、ヨハネス・ブラームスの友人の一人であった。

2年目からは、彼女はさらに副専攻として、ピアニストであり音楽著作家のアドルフ・プロスニッツ教授[図87]の講ずる「音楽史」をとった。1892年11月16日、幸田延は音楽院の事務局に願い状[62ページ、図51]を提出している。これは、「ドイツ語の語学力がまだ充分でなく」「目下病気であるため」、音楽史の講義への出席を1年延期させてほしいという内容であった。結局彼女は、副専攻の音楽史を1893/94年に履修し、最優秀の成績を得た。

1893/94年には2年目の科目を取り直し、「和声論」については主専攻として、すなわち作曲法として、非常に有名な作曲家兼教育者ローベルト・フックス[図88]の下で学んだ。フックスの弟子には、ユリウス・コルンゴルト、グスタフ・マーラー、ヤン・シベリウス、フーゴー・ヴォルフ、リヒャルト・シュトラウス、アレクサンダー・ツェムリンスキーらがいる。その頃、幸田延はヴァイオリン・ソナタ変ホ長調[60ページ、図48]の作曲を開始した。第2楽章はウィーン滞在中に作曲し、（未完の）第3楽章は東京に戻ってから完成したと思われる。この作品の様式は、旋律や構成上の特徴から見て明らかにウィーンの伝統の影響を示している。西洋の作曲様式で作曲した最初の日本の作曲家は瀧廉太郎とされているが、実は幸田延その人であった。

幸田延はウィーン音楽院の最初の日本人女性として特別であったばかりでなく、女性ヴァイオリン奏者としても非凡な存在であった。

ローベルト・フックス
写真：[フリードリッヒ・]シュピッツァー
ウィーン 1900年頃
Robert Fuchs
Fotografie von [Friedrich] Spitzer,
Wien um 1900

19世紀末に女性がヴァイオリンを弾くということが当たり前ではなかったからである。特に公の場で女性がヴァイオリンを弾くことは、身体の動きが「女性的でなく」道徳に反するという理由で、19世紀前半には許されなかった。時と共に少しずつ受け入れられるようになったものの、女性ヴァイオリン奏者はその後も不当な扱いに苦しまなければならなかった。ウィーン楽友協会音楽院では1860年代から女性のヴァイオリン専攻学生を受け入れるようになったが、その数は増えず、公のコンサートで成功を得ることは非常にまれであった。

　幸田延と一緒にヴァイオリンを学んだ女性たちに目を向け、ヴァイオリン専門課程の学生総数[6]と比較してみよう。幸田延が1891/92年に音楽院で勉強を始めたとき、ヴァイオリンの学生は59人、そのうち11人が女性だった。1892/93年には56人のうち8人が女性、1893/94年には59人のうち8人が女性、そして1894/95年には62人のうち女性はわずか3人である。なぜヴァイオリンを学ぶ女性の数が減少したのかはわからない。ほとんどの女子学生はヨーゼフ・ヘルメスベルガーに習い、数名はヤーコプ・グリュンの指導を受けた。ヴァイオリン専攻の女子学生が音楽院の演奏練習に登場することは稀であり、幸田延も高い評点を得ていたにもかかわらず一度も登場の記録がない。おそらく彼女自身も、たとえ音

89
エルザ・フォン・プランク
写真：撮影者不詳
マリー・ゾルダート＝レーガーの遺品
ウィーン 年代不明
Elsa von Planck
Unbezeichnete Fotografie aus
dem Nachlass Marie Soldat-
Roeger, Wien o.J.

90
ゾルダート＝レーガー
弦楽四重奏団
鉛版
マリー・ゾルダート＝レーガーの遺品
ウィーン 年代不明
Das Quartett Soldat-Roeger
Klischeedruck aus dem Nachlass
Marie Soldat-Roeger, Wien o.J.

楽院の中であれ公の場で演奏することを望まなかったのだろう。

　中央ヨーロッパでは19世紀になって初めてヴァイオリンが男性の
ための楽器から女性へと受け皿を広げたのに対して、日本の状況
はまったく逆であった[7]。日本では音楽をたしなむことは第一義的
に女性がすることであり、男性には不向きなものと考えられた。ヴァ
イオリンのような西洋楽器の演奏は明治時代の初頭には目新しく
珍しいものであったが、男性向きか女性向きかといった偏見がな
かった。したがって19世紀においては、ヴァイオリンの演奏につい
ては日本の女性の方がヨーロッパの女性よりも有利であった。日
本で最初にヴァイオリンを学んだ女子学生たちにとって、音楽教育
の目的は音楽を教え西洋音楽を伝える人を養成することであり、
ヴァイオリンの名人を育てるということではなかったのである。

　しかし、ウィーンでヴァイオリンを学んでいた女性たちの多くも、ソ
リストとして舞台で成功するわずかなチャンスと同時に、当時の女
性には数少ない職業であった音楽教師を目指すことを視野に入
れていた。ウィーンではすでに1888年から、音楽院のピアノの卒業
生がウィーン女性音楽教師協会を結成し、幸田延にピアノを教えた
フリーデリケ・ジンガーも後にその組織に属した。この協会は演奏
会、講演会を開催するとともに、女性ピアノ教師たちを社会と結び
つけてその職業的地位を安定させることを目指し、個人教授を紹
介する役割を果たした。おそらく幸田延も、音楽院在学中にこの
協会となんらかの関わりがあったものと推測される。幸田延と同時

91
ローザ・ホッホマン
リトグラフ：エーベルレ社
ウィーン 1895年
Rosa Hochmann
Lithographie Eberle & Co.,
Wien 1895

期に音楽院で学んだ女性ヴァイオリン奏者のうち、ほんのわずかの人だけがソリストとして成功した。たとえばエルザ・フォン・プランク[図89]は、1898年に名声高いゾルダート＝レーガー四重奏団[図90]の第二ヴァイオリン奏者となった。この四重奏団は女性四重奏団として多くの国々で演奏し成功した。当時のオーケストラは女性を採用しなかったので、きわめて優秀な女性奏者たちは女性合奏団や女性四重奏団を結成したのである。

19世紀の最後の四半世紀、ウィーンにはヴィルマ・ノルマン＝ネルーダ、フリーダ・スコッタ、マリー・ゾルダートのように国際的に有名なヴァイオリンの女性ヴィルトゥオーソが散発的に現れ、公のコンサートにおける男女平等と女性奏者の芸術的社会的評価への道を拓いた。幸田延はウィーン滞在中に、19歳の女性ヴァイオリン奏者ローザ・ホッホマン[図91]のことを知っていたはずである。彼女は音楽院ではヤーコプ・グリュンの弟子で、1893年と1894年に楽友協会大ホールでシュポールとゴールトマルクのヴァイオリン協奏曲を演奏し、1900年に結婚するまでコンサートで成功を収め続けた。

幸田延はウィーンで勉強した5年の間に、コンサートやオペラ、そして個人の家庭音楽の場でウィーンの音楽の現場を見る多くの機会に恵まれた。当時、有名な指揮者ハンス・リヒターが楽友協会大ホールでウィーン・フィルの演奏会を指揮していた。そこで彼女は過去の重要な管弦楽曲、そしてたとえばブラームスとブルックナーのような同時代の管弦楽曲を聴くことができた。ルートヴィヒ・ヴァン・ベートーヴェンの交響曲第5番の演奏では涙が出るほど感動したという。リヒターはウィーン宮廷歌劇場でも指揮しており、彼女はリヒターが指揮するリヒャルト・ワーグナーの『ローエングリン』も聴きに行った。

幸田延はウィーンに到着した際に当時の日本公使戸田氏共に連絡をとり、5年の滞在期間中、折にふれて日本公使の援助を受けた。特に重要なのは、そのつながりを通してウィーンの社交界や貴族を知り、彼らのサロンで芸術や音楽が大きな役割を果たしていることを見聞できたことである。彼女にとって特に重要な意味を持ったのが、旅行作家であり出版業者の妻であるローザ・フォン・

ゲロルト［図92］であった。彼女は、1873年にウィーンで開催された
万国博覧会で日本に魅了され、そのサロンには詩人や知識人、
音楽家たちが集まっていた。そして幸田延がウィーンに滞在してい
ることを聞いて日本公使館を通して連絡をとり、若きヴァイオリニス
ト幸田延の手助けをしようとした。二人の間にはすぐに固い友情が
芽生え、ローザ・フォン・ゲロルトは幸田延をウィーンの社交界に
紹介した。これは幸田延にとっては、ウィーンの音楽文化を実際に
直接見聞きし、ドイツ語の能力を高める機会となった。ローザ・フ
ォン・ゲロルトは私設の女声合唱団を率いており、幸田延はその
中でアルトのパートを歌い、家庭コンサートに出演した。

92
ローザ・フォン・ゲロルト
カール・ユンカー著
『ウィーンのゲロルト家1775～1925年』
（ウィーン 1925年）より
Rosa von Gerold
Aus: Carl Junker, Das Haus Gerold in Wien 1775–1925, Wien
1925

93
ヨゼフィーネ・フライン・
フォン・クノール
「ウィーンの日本女性たち」
『フラウエン・ヴェルケ』
第2年、9号（1895年9月）、
67ページ
Josefine Freiin von Knorr,
Japaninnen in Wien, in:
Frauen-Werke, 2. Jahrgang, Nr. 9,
September 1895, S. 67

94
幸田延
写真:撮影者・年代不明
Nobu Koda
Unbezeichnete Fotografie, o. J.

ローザ・フォン・ゲロルトは幸田延にいたく感動したのであろう。彼女にアマティーのヴァイオリンを贈っている。この注目すべき事実は――提供者の名前を挙げずに――1895年の雑誌記事で言及されている。この記事は日本に帰国する幸田延について書かれたもので、彼女がウィーンで当時どのような社会的立場に置かれていたかをうかがい知ることができる。オーストリアの雑誌『女性の業績』は、その表紙からもわかるとおり「婦人の努力を奨励し主張するために」教養の高い、一部には貴族に属する女性たちのために編集されていた[図93]。記事は、幸田延と個人的な知り合いでもあった著名な作家・翻訳家のヨゼフィーネ・フライン・フォン・クノールが「ウィーンの日本女性」について記したものである。記事の最初の部分は日本公使大山綱介の夫人久子に関する内容で、その高い教養と性格が好意的に叙述され、「大山久夫人へ」と題する詩まで掲げられている。

　記事の後半は「公使夫人の興味深い友人　幸田ノバ（Noba）嬢」についての記述であり、以下に全文を引用する。これは幸田延のウィーン留学についての唯一の同時代の報告である[8]。「この日本の名門家庭の子女の音楽的才能は、アメリカ人に見出された。彼女は芸術家としての教育をうけるべく、政府によりウィーンに派遣された。そして学業を修了し試験で輝かしい評価を受けたのち、おそらくは芸術家として祖国に帰り、そこで西洋音楽を教えることとなろう。幸田嬢は、ウィーンの気高い篤志家からアマティーのヴァイオリンを贈られるにふさわしい完成されたヴァイオリン奏者であるばかりでなく、声楽にも秀でている」（ただし、彼女はウィーン音楽院では全く声楽の授業を受けていない）。「彼女のすばらしいアルトの歌声には、魔王のロマンスやシューベルトの歌曲をすばらしく歌うにふさわしい豊かな響きがある。加えて、幸田嬢は品のある性格で、同時に慎ましい。プロテスタントの教会に属し、完璧にドイツ語を話したり書いたりできるため、西洋の事柄にも通じている。9月にはマルセイユから大山家の人々とともに日本に船で帰国する。故国に帰るこれら二人の婦人方は、ただただすばらしい印象を残し、日本女性の能力が高いことを証明した。勝利に満ちた島国日本は、この方面においても勝利を喜ぶこととなろう」[9][図94]。

註

1　1887年4月6日『プレッセ』10ページ「ウィーン音楽院における日本人」1887年4月7日『ノイエ・フライエ・プレッセ』7ページ（同じ文章だが表題はない）

2　平高典子「幸田延のボストン留学」『玉川大学文学部紀要：論叢』54、2013年、191-211ページ

3　平高典子「幸田延のウィーン留学」『玉川大学文学部紀要：論叢』53、2012年、101-121ページ
　　著者はこの詳細な論文のドイツ語訳を通して幸田延のウィーン滞在中の詳細についていくつかの興味深い情報を得ることができた。

4　『ウィーン楽友協会…音楽・表現芸術学校規則』ウィーン、1890年、9ページ

5　同上、4ページ

6　『ウィーン楽友協会音楽院年次報告』1891/92年版〜1894/95年版に基づく。

7　これについては玉川裕子の論考「4人の女性音楽家たち──現代日本の音楽文化におけるジェンダー構造」『音楽と解放』マリオン・ゲラルツ／レベッカ・グロートヤーン編、オルデンブルク・ジェンダー研究論集12、2010年、177-186ページ

8　ヨゼフィーネ・フライン・フォン・クノール「ウィーンの日本女性［Japaninnen］」『女性の業績』2/9、1895年9月、67ページ

9　幸田延は1909/10年にヨーロッパを旅行し、その際にウィーンを再訪して留学時代の知り合い何人かと再会した。瀧井敬子／平高典子『幸田延の「渡欧日記」』東京芸術大学出版会、2012年

Ingrid Fuchs

Nobu Koda
Absolventin des Konservatoriums der
Gesellschaft der Musikfreunde in Wien

Anfang April 1887 berichteten die beiden renommiertesten Tageszeitungen Wiens, „Die Presse" und die „Neue Freie Presse", über den Besuch einer japanischen Delegation in der Gesellschaft der Musikfreunde in Wien unter dem Titel „Japanesen im Wiener Conservatorium"[1] [S. 187, Abb. 81]: Der Direktor des öffentlichen Unterrichts und Präsident der Kommission der schönen Künste im Unterrichtsministerium Arata Hamao besuchte „zum Zwecke der Besichtigung und Information das Wiener Conservatorium". Aufgrund der gerade beginnenden Osterferien „konnte nur eine improvisierte Production ermöglicht werden", d. h., dass von Studenten nur einige kleine Werke vorgetragen wurden. „Herr Hamao und seine Begleiter besuchten hierauf unter Führung des Direktors Hellmesberger mehrere Lehrzimmer, die Bibliothek und das Museum, bezeugten lebhaftes Interesse für das Gesehene und Gehörte [und] zeichneten ihre Namen in das Fremdenbuch" [S. 49, Abb. 33]. Unterschrieben haben neben Arata Hamao Dr. Kuniyoshi Katayama und Kakuzo Okakura, der 1890 Präsident der Akademie der schönen Künste in Tokyo wurde. Die drei Persönlichkeiten „erbaten sich Exemplare aller Instructionen und auf die Administration des Conservatoriums bezügliche Vorlagen", weil „die japanische Regierung beabsichtigt, ein großes Musik-Institut auf Staatskosten in Japan zu errichten und musikalische junge Japanesen einen Instructionscurs am Wiener Conservatorium durchmachen zu lassen."

Dieser „Instructionscurs" kam zwar nicht zustande, aber der erste Besuch der Japaner im Konservatorium der Gesellschaft der Musikfreunde hatte zwei für die Beziehung zwischen dieser Institution und Japan bedeutungsvolle Folgen: Erstens wurde der Absolvent des Konservatoriums Rudolf Dittrich, der hier von 1878–1882 bei Josef Hellmesberger II [S. 54, Abb. 39]. Violine, bei Anton Bruckner Orgel sowie Kontrapunkt und bei Franz Krenn Komposition studiert hatte, im Jahr 1888 als Professor an die neugegründete Kaiserlichen Musikakademie in Tokyo, heute Tōkyō Geijutsu Daigaku (Universität der Künste) berufen [S. 54, Abb.40 / S. 55, Abb. 43]. Er gilt bis heute als der eigentliche Vater der westlichen Musik-Tradition in Japan. Zweitens kam auf seine Empfehlung hin 1890 die junge japanische Geigerin Nobu Koda nach Wien, um am Konservatorium der Gesellschaft der Musikfreunde zu studieren. Auch sie wurde nach Absolvierung des Studiums und ihrer Rückkehr nach Tokyo zu einer wichtigen Pionierin der westlichen, ja im speziellen der in Wien gepflegten Musik-Tradition, während Dittrich vice versa nach seiner Heimkehr nach Wien hier zum Ansprechpartner in allen Belangen japanischer Musik wurde.

Nobu Koda wurde am 19. April 1870 in Tokyo geboren. Ihre Eltern waren dem ehemaligen Samurai-Stand zugehörig, der nach der Meiji-Restauration 1869 seine Privilegien verlor. Um ihren Kindern mit bescheidenen finanziellen Mitteln eine möglichst hohe Bildung zu ermöglichen, besuchten diese – bemerkenswerter und zu dieser Zeit noch unüblicher Weise auch die Mädchen – die damals neu gegründeten staatlichen Schulen. Die zwölfjährige Nobu, die bereits zuvor Gesang- und Koto-Unterricht erhalten hatte, wurde im Jahr 1882 Schülerin des 1879 gegründeten Instituts für Musikforschung, dem Vorläufer der 1887 gegründeten Kaiserlichen Musikakademie, wo sie Klavier, Violine, Gesang sowie europäische Musiktheorie und -geschichte bei im Ausland ausgebildeten bzw. ausländischen Lehrern, wie Luther Withing Mason, studierte, um später im Lehrberuf tätig zu sein. Sie beendete 1885 ihr Studium in Klavier und Violine mit Auszeichnung, setzte ihre Ausbildung aber anschließend in einem Graduiertenkurs fort und wirkte gleichzeitig als Hilfslehrerin. Doch fehlten damals dem Institut für Musikforschung hochqualifizierte Instrumentalpädagogen, die Nobu Kodas Talent und Können adäquat hätten fördern können. Dies änderte sich erst, als Rudolf Dittrich 1888 als Lehrer an die nunmehrige Kaiserliche Musikakademie kam, um professionelle Grundlagen für eine entsprechende Ausbildung in westlicher Musik zu schaffen. Er erkannte die Begabung von Nobu Koda, die auf seine Initiative hin als erste Musikstudentin ein Stipendium der japanischen Regierung (Monbusho-Stipendium) zur offiziellen weiteren Ausbildung in Amerika und in Deutschland erhielt, wobei sie sich schließlich wohl auf Anraten Rudolf Dittrichs für Wien als zweiten Studienort entschied.

Nobu Koda verließ Japan im Mai 1889 und begab sich nach Boston[2], wo sie am renommierten New England Conservatory of Music ein Jahr lang Violine bei Emil Mahr, einem Schüler des berühmten

Geigers Joseph Joachim, und Klavier bei dem in Frankfurt aus-
gebildeten Pianisten Carl Faelten studierte, d. h., sie wurde bereits in
Amerika mit aus Deutschland stammenden Künstlern und deren
Musikanschauung vertraut [S. 187, Abb. 82]. Im Juli 1890 verließ sie
Amerika mit dem Schiff, landete zehn Tage später in Bremen und begab
sich dann nach Wien. Sie traf damals mit dem japanischen Physiker,
Musiktheoretiker und Erfinder Shohei Tanaka [S. 136, Abb. 69] zu-
sammen, der bei den berühmten Professoren Hermann Helmholtz und
Carl Stumpf in Berlin Physik und Akustik studiert hatte und sich mit
der reinen Stimmung (im Gegensatz zur temperierten Stimmung) be-
fasste. Zu deren praktischer Umsetzung erfand er eine Art Orgel mit
dem Namen Enharmonium [S. 137, Abb. 70], die er in verschiedenen
Städten vorführte, darunter im Sommer 1890 auch in Wien. Dass auch
Anton Bruckner an diesem Instrument großes Interesse hatte, wird im
Aufsatz 03 *Brahms und Bruckner* dieses Buches ausführlich dargelegt.

Nobu Koda, die privat in Untermiete wohnte, nahm ferner Kontakt zu dem damaligen japanischen Botschafter Graf Ujitaka Toda auf,
der bzw. auch dessen Frau, Gräfin Kiwako, bekanntlich mit Brahms in
näherem Kontakt stand [S.138, Abb. 71]. Dass Nobu Koda damals
noch große Schwierigkeiten mit der deutschen Sprache hatte, beweist
die folgende, für sie unangenehme kleine Begebenheit: sie hatte sich
auf dem Heimweg vom Botschaftsgebäude verlaufen, konnte sich jedoch nicht verständigen und nur aufgrund der auf einem Zettel no-
tierten Adresse dorthin zurückgebracht werden.

Sie verbrachte daraufhin das folgende Jahr in Wien, um Deutsch
zu lernen und ihre Violinkenntnisse zu perfektionieren – als Vorbereitung für die Aufnahmeprüfung am Konservatorium der Gesellschaft der Musikfreunde in Wien[3] [S. 188, Abb. 83]. In dessen Schulordnung des Jahres 1890 (und den anschließenden Jahren) findet sich
folgende Zulassungsbestimmung[4]: Das Studium war zwar Schülern
beider Geschlechter zugänglich, aber weibliche Zöglinge waren von
den Fächern Violoncello, Kontrabass und allen Blasinstrumenten ge-
nerell ausgeschlossen. In das Fach Violine durften weibliche Studierende „nur bei hervorragender Begabung und jenem Grade der Vorbildung, der sie zum sofortigen Eintritt in die Ausbildungsschule
befähigt, aufgenommen werden", d. h. es gab für Mädchen keine Vio-
lin-Vorbildungsklassen. Für die Ausbildungsklasse wurden neben der
besonderen musikalischen Begabung bereits fortgeschrittene Kenntnisse

des betreffenden Instruments gefordert, die Nobu Koda aufgrund ihrer Vorbildung in Japan und in Boston wohl prinzipiell vorweisen konnte.

Am 5. September 1891 stellte sie ein eigenhändig unterzeichnetes Aufnahmegesuch an das Konservatorium [S. 61, Abb. 49]. Als gewünschter Lehrer ist Josef Hellmesberger angegeben, sie bezahlte das volle Schulgeld und wohnte nicht sehr weit vom Konservatorium entfernt, im 6. Bezirk in der Magdalenenstraße 15, heute eine U-Bahn-Station vom Musikvereinsgebäude entfernt. Bemerkenswerterweise stimmt das angegebene Geburtsdatum „März 1872" nicht, denn Nobu Koda wurde bereits am 19. April 1870 geboren, war im Herbst 1891 also bereits 21 Jahre alt. Dies ist insofern von Bedeutung, weil es die Bestimmung in der Schulordnung gab, dass Damen, die das 20. Jahr überschritten haben (Herren das 24.) nicht als Studierende des Konservatoriums aufgenommen wurden[5], d. h. dass sich Nobu Koda vermutlich um zwei Jahre jünger gemacht hat, um überhaupt als Studentin zugelassen zu werden.

Dem Aufnahmeansuchen beigeheftet ist das eigenhändig ausgefüllte Formular „Musikalischer Studiengang" [S. 188, Abb. 84], wo sie angibt, „zweieinhalb Jahre" Violinunterricht genossen zu haben – das ist bei ihrer Vorbildung wohl stark untertrieben. Ferner beantwortet sie die Frage nach durchgenommenen Studienwerken folgendermaßen: Kreutzer, Rode, Fiorillo [falsch geschrieben], Spohr, [Josef] Mayseder sowie Tonleiterstudien von [Josef] Hellmesberger und Akkordstudien von [Josef] Maxintsak: bei den drei letztgenannten Komponisten handelt es sich um Studienwerke von bedeutenden Wiener Geigern – sicher eine gute Wahl, um bei der Aufnahmsprüfung ins Wiener Konservatorium zu reüssieren.

Aus der Matrikel von Nobu Koda [S. 61, Abb. 50] entnehmen wir, dass sie ab Herbst 1891 das Hauptfach Violine studierte und am Ende des Studienjahres 1894/95 als Abiturientin das Reifezeugnis erhielt. Im Inneren der Matrikel sind die absolvierten Studienfächer mit den Namen der Lehrer und den Zensuren genau dokumentiert. Vorweggenommen sei, dass Nobu Koda in allen Fächern ohne Ausnahme während des gesamten Studiums ausschließlich die Note „Eins", d.h. die bestmögliche Zensur erhielt. Aus der Matrikel und den Jahresberichten des Konservatoriums geht ferner hervor, dass sich Nobu Koda im zweiten Studienjahr 1892/93 ab dem Frühjahr beurlauben ließ und 1893/94 das zweite Ausbildungsjahr wiederholte. Dazu sind im Archiv der Gesellschaft der Musikfreunde einige Schriftstücke vorhanden:

Zunächst das in Mailand am 9. März 1893 unterzeichnete Urlaubsgesuch von Nobu Koda, in dem sie schreibt, dass sie derzeit „ihre Gesundheit absolut nicht herstellen" könne, ferner ein ärztliches Zeugnis eines Mailänder Primararztes vom 8. März 1893, der ihre Reise- und Studienunfähigkeit aufgrund von nervösen Störungen und Anämie bestätigt und ein Befürwortungsschreiben der Japanischen Legation in Wien vom 15. März 1893, durch die die beiden anderen Schreiben auf offiziellem Weg der Direktion des Konservatoriums übermittelt wurden. Über die Ursachen des damals offenbar schlechten Gesundheitszustandes von Nobu Koda kann man nur spekulieren, vielleicht waren u. a. psychische Gründe ausschlaggebend: der enorme Leistungsdruck des Studiums und die für eine alleinstehende, aus einem anderen Kulturkreis stammende Frau sicher schwierigen Lebensumstände, ganz abgesehen von der langen Abwesenheit von der Heimat. Ihrem Ansuchen wurde jedenfalls stattgegeben und sie setzte ihr Studium im Herbst 1893 mit der Wiederholung des zweiten Jahrganges fort.

Nobu Koda studierte im Hauptfach Violine bei Josef Hellmesberger, der auch ihren Mentor Rudolf Dittrich unterrichtet hatte. Josef Hellmesberger [S. 54, Abb. 39], Mitglied der Wiener Philharmoniker, Konzertmeister, Kapellmeister und Komponist, war einer der wichtigsten Vertreter der Wiener Geigerschule: Nobu Koda wurde hier in der Tradition des berühmten Wiener Klangstils ausgebildet. Im Nebenfach Klavier wurde sie von Friederike Singer [S.190, Abb. 85] unterrichtet, die ab 1889 am Konservatorium als erste und einzige weibliche Lehrkraft für Klavier wirkte, obwohl 90% der Klavier-Studierenden weiblich waren. Nobu Koda wurde aufgrund ihrer weit fortgeschrittenen Klavier-Vorbildung bereits in ihrem ersten Studienjahr in den zweiten Jahrgang der Klavierklasse aufgenommen. Ferner besuchte sie im ersten Studienjahr als Nebenfach „Harmonielehre" bei dem Geiger und Komponisten Prof. Hermann Grädener [S. 190, Abb. 86], der dem Freundeskreis um Johannes Brahms angehörte.

Als Nebenfach wurde ihr ferner ab dem zweiten Jahrgang „Musikgeschichte" vorgeschrieben, die von dem Pianisten und Musikschriftsteller Prof. Adolf Prosniz [S. 190, Abb. 87] vorgetragen wurde. Am 16. November 1892 richtete Nobu Koda an die Direktion ein Gesuch [S. 62, Abb. 51] mit der Bitte, ihre Teilnahme an diesem Kurs um ein Jahr zu verschieben, da „sie der deutschen Sprache noch nicht so vollkommen mächtig" und sie überdies „derzeit etwas leidend" sei. Sie absolvierte schließlich das Nebenfach „Musikgeschichte" im Schuljahr 1893/94 mit der Bestnote.

Im Studienjahr 1893/94, in dem sie den zweiten Jahrgang wiederholte, studierte sie abermals „Harmonielehre", dieses Mal jedoch als Hauptfach, d. h. eigentlich Komposition, und zwar bei dem überaus renommierten Komponisten und Pädagogen Prof. Robert Fuchs [S. 192, Abb. 88], zu dessen Schülern u. a. Julius Korngold, Gustav Mahler, Jan Sibelius, Hugo Wolf, Richard Strauss und Alexander Zemlinsky zählen. In dieser Zeit begann Nobu Koda mit der Komposition ihrer Violinsonate in Es-Dur [S. 60, Abb. 48], von der zwei Sätze noch in Wien entstanden sein dürften, der dritte (unvollendete) jedoch erst nach ihrer Rückkehr in Tokyo. Stilistisch zeigt sich das Werk von der Wiener Tradition bezüglich Melodik und formaler Gestaltung deutlich beeinflusst. Nobu Koda war die erste japanische Komponistin, die ein Werk im westlichen Stil geschrieben hat, obwohl dieses Faktum meist ihrem berühmten Schüler Rentaro Taki zugeschrieben wird.

Nobu Koda war am Wiener Konservatorium nicht nur als erste Japanerin etwas Besonderes, ja Außergewöhnliches, sondern auch als Studentin der Violine, denn Geigerinnen waren auch gegen Ende des 19. Jahrhunderts noch keine Selbstverständlichkeit. Das Violinspiel von Frauen wurde, vor allem in der Öffentlichkeit, aufgrund der „unweiblichen", ja als unsittlich angesehenen Körperbewegungen bis in die erste Hälfte des 19. Jahrhundert abgelehnt, mit der Zeit aber zunehmend akzeptiert, obwohl Violinistinnen auch später noch oft mit Ressentiments zu kämpfen hatten. Das Konservatorium der Gesellschaft der Musikfreunde in Wien hat zwar ab den 60er-Jahren Violin-Studentinnen aufgenommen, die jedoch eine kleine Minderheit blieben und nur sehr selten im öffentlichen Konzertleben reüssieren konnten.

Werfen wir einen Blick auf die Violin-Kolleginnen von Nobu Koda und vergleichen wir diese mit der Gesamtzahl der Studierenden in den Ausbildungsklassen für Violine[6]: Als sie im Jahr 1891/92 zu studieren begann, gab es unter insgesamt 59 Violin-Studenten immerhin 11 Frauen, 1892/93 unter 56 Studenten 8 Frauen, 1893/94 unter 59 Studenten ebenfalls 8 Frauen und 1894/95 unter 62 Studenten nur noch 3 Frauen, wobei kein Grund für den Rückgang der Violin-Studentinnen ersichtlich ist. Die meisten Frauen studierten bei Josef Hellmesberger, einige wenige bei Jakob Grün. Nur selten spielten Violin-Studentinnen in den Vortragsübungen des Konservatoriums, Nobu Koda trat jedoch bei diesen kein einziges Mal auf, obwohl sie nur ausgezeichnete Zensuren hatte – vielleicht wollte sie sich auch nicht in der Öffentlichkeit, wenn auch in internem Rahmen, produzieren.

Wurde in Mitteleuropa die Violine erst im Laufe des 19. Jahrhunderts von einem Männerinstrument zu einem schließlich auch bei Frauen tolerierten Instrument, so verhielt es sich in Japan zunächst umgekehrt[7]: Musikausübung war primär eine Frauendomäne, und wurde bei Männern als eher unpassend empfunden. Das Spiel auf einem westlichen Instrument wie der Violine war zwar zu Beginn der Meiji-Zeit noch neu und ungewöhnlich, aber nicht primär geschlechtlichen Vorurteilen unterworfen, sodass Frauen in Japan beim Violinspiel im ausgehenden 19. Jahrhundert im Vergleich zu europäischen Geigerinnen eher im Vorteil waren. Bei den ersten Violin-Studentinnen in Japan standen musikpädagogische Ziele, d. h. die Ausbildung zu Lehrerinnen sowie gleichzeitig Vermittlerinnen westlicher Musik und nicht zu Geigenvirtuosinnen im Vordergrund.

Doch auch die meisten Violin-Studentinnen in Wien sahen im Instrumentalstudium, neben der eher geringen Chance auf eine Karriere als Solistin, eine der wenigen, für Frauen damals möglichen Berufsausbildungen, nämlich jene zur Musiklehrerin. In Wien hatten sich bereits 1888 Klavier-Absolventinnen des Konservatoriums zum Verein der Wiener Musiklehrerinnen zusammengeschlossen, dem später auch Nobu Kodas Klavier-Lehrerin Friederike Singer beitrat. Diese Vereinigung veranstaltete Aufführungen sowie Vorträge und vermittelte Privatschüler, um den noch jungen selbständigen Berufsstand auch sozial zu verankern. Es ist sehr wahrscheinlich, dass Nobu Koda mit dieser Vereinigung während ihrer Studienzeit in Kontakt kam. Nur ganz wenigen Geigerinnen, die mit Nobu Koda am Konservatorium studierten, gelang es, sich als Instrumentalsolistinnen durchzusetzen, wie z. B. Elsa von Planck [S. 193, Abb. 89], die 1898 als zweite Geigerin Mitglied des angesehenen Soldat-Roeger-Quartetts [S. 193, Abb. 90] wurde, ein Damen-Streichquartett, das in vielen Ländern erfolgreich aufgetreten ist. Da in den damaligen Orchestern keine Frauen aufgenommen wurden, schlossen sich in dieser Zeit etliche der hervorragend ausgebildeten Streicherinnen zu Damenkapellen und Damenquartetten zusammen.

Im letzten Viertel des 19. Jahrhunderts waren in Wien aber bereits auch vereinzelt international berühmte Geigenvirtuosinnen wie Wilma Norman-Neruda, Frida Scotta und Marie Soldat mit großem Erfolg aufgetreten und hatten begonnen, den Weg zur Gleichberechtigung weiblicher Musikerinnen in öffentlichen Konzerten und damit zu deren künstlerischer wie gesellschaftlicher Anerkennung zu ebnen. Während ihres Wien-Aufenthaltes hatte Nobu Koda die Möglichkeit, die Auftritte der erst 19jährigen Violinvirtuosin Rosa Hochmann [S. 194, Abb. 91] zu verfolgen, einer ehemaligen Studentin des am Konservatorium unterrichtenden Jakob Grün, die im Großen Musikvereinssaal 1893 und 1894 Violinkonzerte von Spohr und Goldmark spielte und bis zu ihrer Verehelichung im Jahr 1900 erfolgreich konzertierte.

Nobu Koda hatte während ihres Studiums fünf Jahre lang ausgiebig Gelegenheit, die damals aktuelle Musikszene Wiens in Konzerten und Opernaufführungen, aber auch bei privater Hausmusik kennenzulernen. Der berühmte Dirigent Hans Richter leitete in diesen Jahren die Konzerte der Wiener Philharmoniker im Großen Musikvereinssaal, wo Nobu Koda die bedeutendsten klassischen und zeitgenössischen Orchesterwerke, wie beispielsweise jene von Brahms und Bruckner, hören konnte. Bei einer Aufführung der Fünften Symphonie von Ludwig van Beethoven soll sie zu Tränen gerührt gewesen sein. Richter dirigierte aber auch an der Wiener Hofoper, wo sie u. a. eine von ihm geleitete Aufführung von Richard Wagners „Lohengrin" besuchte.

Bereits bei ihrer Ankunft in der Metropole hatte sie Kontakt zum damaligen japanischen Gesandten Ujitaka Toda aufgenommen und wurde auch in der Folge während ihres fünfjährigen Aufenthaltes durch die jeweiligen diplomatischen Vertreter Japans in Wien entsprechend unterstützt, vor allem aber in die Wiener Gesellschaft und in adelige Kreise eingeführt, in deren Salons Kunst und Musik eine große Rolle spielten. Von besonderer Bedeutung wurde für sie der von Dichtern, Gelehrten und Musikern besuchte Salon der Reise-Schriftstellerin und Verlegersgattin Rosa von Gerold [S. 195, Abb. 92], die seit der Wiener Weltausstellung 1873 von Japan fasziniert war. Als sie von Nobu Kodas Aufenthalt in Wien erfuhr, nahm sie über die japanische Botschaft Kontakt zu ihr auf und kümmerte sich um die junge Violinstudentin. Schon bald entwickelte sich eine enge Freundschaft zwischen Nobu Koda und Rosa von Gerold, die ihr Zutritt zur gehobenen Wiener Gesellschaft verschaffte, wodurch diese nicht nur mit der aktuellen Kulturszene vertraut wurde, sondern auch ihre Deutschkenntnisse verbessern konnte. Rosa von Gerold leitete einen privaten Damenchor, in dem Nobu Koda die Altstimme übernahm und bei Hauskonzerten mitwirkte.

Rosa von Gerold war offenbar von Nobu Koda so beeindruckt, dass sie ihr eine Amati-Geige zum Geschenk machte. Diese bemerkenswerte Tatsache wird – ohne den Namen der Gönnerin zu nennen – sogar in einem 1895 erschienenen Zeitschriftenartikel erwähnt, der Nobu Koda aus Anlass ihrer Rückkehr nach Japan gewidmet wurde und einen Einblick in ihre damalige gesellschaftliche Stellung in Wien gibt. Die österreichische Zeitschrift „Frauen-Werke" diente, wie man dem Titelblatt entnehmen kann, „zur Förderung und Vertretung der Frauenbestrebungen", für die hochgebildete, teilweise dem Adel angehörende Frauen Beiträge verfassten [S. 195, Abb. 93]. Die bedeutende Schriftstellerin und Übersetzerin Josefine Freiin von Knorr, die mit Nobu Koda auch persönlich bekannt war, berichtet in diesem Artikel über „Japaninnen in Wien". Der erste Teil des Artikels ist der Frau des japanischen Botschafters Tsunasuke Oyama, Hisako, gewidmet, deren ausgezeichnete Bildung und Charaktereigenschaften in liebenswürdiger Weise hier geschildert werden. Für sie hat Josefine von Knorr sogar ein Gedicht mit dem Titel „An Frau Hißa Ohyama" geschrieben.

Der zweite Teil des Artikels beschäftigt sich mit der „sehr interessanten Freundin der Diplomatenfrau Frl. Noba [!] Koda", der hier vollständig zitiert werden soll, handelt es sich doch um den einzigen zeitgenössischen Bericht zu ihrer Wiener Studienzeit[8]: „In diesem jungen japanischen Mädchen aus angesehener Familie erkannte ein Amerikaner seltene musikalische Begabung. Sie wurde von der Regierung nach Wien geschickt um im hiesigen Conservatorium sich zur Künstlerin ausbilden zu lassen und wahrhaft als solche kehrt sie nach vollendeten Studien und glänzend abgelegter Prüfung in ihre Heimat zurück, um dort europäische Musik zu lehren. Frl. Koda ist nicht nur eine vollendete Violinspielerin, des Geschenkes einer echten Amati-Geige würdig, die sie von einer hochsinnigen Wiener Gönnerin erhielt, sondern auch eine Meisterin der Gesangskunst." [– Dazu ist zu bemerken, dass sie am Konservatorium in Wien keine Gesangsausbildung absolvierte. –] „Ihre herrliche Altstimme hat den richtigen Klang für die wunderbare Romanze des Erlkönigs und anderer Schubert'scher Lieder. Zudem ist Frl. Koda ein Charakter voll Würde und zugleich Bescheidenheit. Dass sie der protestantischen Kirche angehört und ganz fertig deutsch spricht und schreibt, rückt sie europäischen Verhältnissen näher. Im September schifft sie sich in Marseille mit der Familie Oyama nach Japan ein. – Diese heimkehrenden Damen konnten bei uns nur den besten Eindruck zurücklassen und eine hohe Meinung geben über die Befähigung japanischer Frauen. Die siegreiche Insel kann sich auch in dieser Richtung ihrer Triumphe freuen."[9] [S. 196, Abb. 94]

1   Japanesen im Wiener Conservatorium, in: Die Presse vom 6. April 1887, S. 10; der gleiche Text ohne Titel in: Neue Freie Presse vom 7. April 1887, S. 7.

2   Siehe Noriko Hirataka, Koda Nobu no Boston ryugaku [Studium in Boston von Nobu Koda], in: Ronso. Tamagawa daigaku bungakubu kiyo Nr. 54, 2013, S. 191–211.

3   Noriko Hirataka, Koda Nobu no Wien ryugaku [Studium in Wien von Nobu Koda], in: Ronso. Tamagawa daigaku bungakubu kiyo Nr. 53, 2012, S. 101–121. Diesem ausführlichen Beitrag, der mir in deutscher Übersetzung zur Verfügung stand, verdanke ich etliche interessante Details zu Nobu Kodas Studienaufenthalt in Wien.

4   Schulordnung des Conservatoriums für Musik und darstellende Kunst […] der Gesellschaft der Musikfreunde in Wien. Wien 1890, S. 9.

5   Ebenda S. 4.

6   Basierend auf den Jahresberichten des Konservatoriums der Gesellschaft der Musikfreunde in Wien der Jahre 1891/92 bis 1894/95.

7   Vgl. dazu u. a. Yuko Tamagawa, Vier Musikerinnen: Die Genderstruktur der Musikkultur im modernen Japan, in: Marion Gerards – Rebecca Grotjahn (hg.), Musik und Emanzipation (Oldenburger Beiträge zur Geschlechterforschung, Band 12), Oldenburg 2010, S. 177–186.

8   Josefine Freiin von Knorr, Japaninnen in Wien, in: Frauen-Werke, 2. Jahrgang, Nr. 9, September 1895, S. 67.

9   Nobu Koda unternahm 1909/1910 eine Reise durch Europa, bei der sie noch einmal Wien besuchte und mit einigen ehemaligen Bekannten aus ihrer Studienzeit wieder zusammentraf. Vgl. dazu die Publikation von Keiko Takii und Noriko Hirataka, Kōda Nobu no taiou nikki [Das Europatagebuch der Nobu Koda], Tokyo Geidai Press 2012.

オットー・ビーバ

　本書の著者は、いずれも2019年に東京で行われた《音楽のある展覧会　19世紀末ウィーンとニッポン》の監修者であり、1980年代から30年以上にわたって展開されてきたサントリーの音楽展覧会事業を通じて研究情報の交換を続けてきた。

　サントリーは、企業としての発展と並行して文化振興に貢献してきた。早くも1961年、赤坂見附に美術・工芸品を展示するサントリー美術館を開館。多様なテーマによる特別展を開催し、2007年には東京ミッドタウンに移転・開館された。また赤坂の再開発に伴い、日本で最高のコンサートホールとなるべきクラシック音楽の殿堂の建設計画が具体化した時、佐治敬三社長（当時）の発案により、クラシック音楽への方向拡大の準備として、サントリー美術館で音楽展覧会が開催されるようになった。クオリティの高い飲料を製造・販売するという企業目標、そして美術の振興事業に加えて、サントリーが西洋音楽の文化振興にも力を注いでいることを一般の人々に知らしめ、そのイメージを定着させることを図ったのである。その際、サントリーの重要なパートナーとなったのがウィーン楽友協会である。ウィーン楽友協会アルヒーフの所蔵資料を展示することにより、以下のような展覧会が実現されることとなった。

1983年　《素顔のベートーヴェン》　サントリー美術館
1984年　《シューベルト》　サントリー美術館
1987年　《アマデウス　モーツァルトとサリエーリ》　サントリー美術館
　　　　　（ザルツブルク国際モーツァルテウム財団との共催）
1989年　《マーラー》　サントリー美術館
1991年　《モーツァルト没後200年記念》　サントリー美術館
　　　　　（ザルツブルク国際モーツァルテウム財団との共催）

ウィーン楽友協会アルヒーフの所蔵品によるこれらの展覧会には、すべて「サントリー音楽文化展」という名称がつけられた。このほかにドイツ、ポーランド、ソヴィエト連邦の諸機関の協力を得て、バッハ（1985年）、ショパン（1988年）、チャイコフスキー（1990年）、ワーグナー（1992年）をテーマとするサントリー音楽文化展が開催された。

　サントリーホールは1986年に開館され、1992年の段階では、すでに日本のクラシック音楽の本拠地として一般に高く評価されるようになっていた。そこで当面の間、音楽展覧会の開催は休止された。しかし、コンサートホールの聴衆にとって展覧会が有意義かつ補足的な事業であることが認識されたため、サントリーホールは2008年から演奏プログラムに合わせて、あるいは作曲家の記念の年に合わせて、サントリー美術館からは独立した形で音楽展覧会を行うようになった。これらの展覧会のパートナーとなったのがウィーン楽友協会であり、以下の展覧会が行われた。

2008年　《カラヤン生誕100年記念写真展》　サントリーホール
2012年　《音楽のある展覧会　ウィーンに残る、日本とヨーロッパ
　　　　　450年の足跡》ウィーン楽友協会創立200周年記念　サ
　　　　　ントリーホール
2013年　《人間、ベートーヴェン展》　サントリーホール
2019年　《音楽のある展覧会　19世紀末ウィーンとニッポン》
　　　　　日本オーストリア友好150周年記念　ホテル・オークラ東
　　　　　京・別館

　いずれの展覧会もサントリーが常に主催してきたが、さらに他の企業も開催のパートナーとして加わった。2012年の展覧会以降、パートナーとなったのはダイワハウス工業株式会社である。ダイワハウス工業株式会社はサントリーホールの「ウィーン・フィルハーモニー　ウィーク　イン　ジャパン」（2011年、2013年、2019年）のスポンサー企業でもあるため、2013年と2019年の展覧会は「ウィーン・フィルハーモニー　ウィーク　イン　ジャパン」の時期に合わせて開催された（2011年は東日本大震災のため展覧会が翌年に延期された）。ウィーン・フィ

ルがサントリーホールに音楽をもたらし、ウィーン楽友協会アルヒー
フがサントリーホールにおける展示品の選別・展示・管理を受け持
った。オットー・ビーバ（ウィーン楽友協会アルヒーフ室長）とイングリット・
フックス（アルヒーフ副室長）は展覧会の期間中にレクチャーも行った。
この展覧会の伝統の中で頂点となったのが、2019年の《音楽のあ
る展覧会　19世紀末ウィーンとニッポン》であったことは間違いな
い。最も多くの展示品を伴う最大規模の展覧会であり、ギャラリ
ー・コンサートの回数が増加し、そのすべてにウィーン・フィルのメ
ンバーがアンサンブルを組んで出演した。2012年の展覧会では樋
口隆一が、2019年の展覧会では武石みどりが日本側監修として加
わった。

　これらの展覧会は日本の人々にとって大きな意味をもち、したが
って来訪者も多かった。はるか昔の作曲家たちの自筆譜やその他
の文書資料、肖像画、記念の品々が日本に来たからである。ここ
で音楽愛好家たちは、書籍の挿し絵のように資料の複製を見るの
ではなく、まさに本物を目にし、音楽の巨匠たちと、あるいは彼ら
の音楽以外の側面と直接出会うかのように感じることができた。
展覧会は研究者たちにとっても重要な意味をもっていた。普段は
複製や図版で目にしている資料の現物を展示ケースの中で見るこ
とにより、研究対象に対してまったく新しいアプローチが生まれるき
っかけとなった。
　これらの展覧会は、オーストリアと日本の研究者たちが出会い、
音楽的かつ学問的な関係を深める意味でも重要な役割を果たし
た。海老沢敏、大宮眞琴、樋口隆一、武石みどり、オットー・ビ
ーバ、イングリット・フックス、ルドルフ・アンガーミュラーといった
主要な研究者が交流し、展覧会という場を超えて多くの学問的成
果を挙げることとなった。オーストリアと日本は演奏の分野で非常
に緊密な関係をもっているが、展覧会を行ったことにより、音楽学
の分野においても緊密な連携が生まれた。残念ながら、ここでは
その「成果」をすべて列挙する紙幅はない。そして最後に、展覧会
は音楽に関心をもつ聴衆に、音楽と学問が近い位置にあることを
示したという点も重要である。人々の楽しむ音楽がどのような環境

でどのように生まれたのかという背景と関係を知ること、すなわち、作曲家の生涯と創作の歴史を示す資料——彼らの書いた楽譜や肖像画や文書資料——の前に直接（ガラス越しに）立ち、感ずることは、言い伝えのエピソードを知ることよりもはるかに優れた音楽へのアプローチとなり、音楽をより個人的に、そしてより感動的に聴く体験へと結びつく。それゆえにこれらの展覧会は、単に美しいものを見せるばかりでなく、学ぶことの可能性を受け手に認識させるという教育的な機能も有している。

　こうした意味で、これらの展覧会を通してサントリーは、展覧会来訪者・関係者・受益者のすべてに大きく貢献したと言えよう。

　本書は、言うなれば音楽展覧会の機能を書籍の形に変えたものに他ならない。論考と図版の中に実際の音は鳴っていないとしても、文化と人々の軌跡をたどり歴史に思いを馳せることは、音楽により深くアプローチするための多様な視点を提供するものとなろう。これまでの音楽展覧会事業をとおして生まれた学術交流の成果が多くの人々の関心を呼び起こし、また今後さらに多彩な学術交流へと発展することに期待したい。

Nachwort:
Zur Geschichte des kulturellen Austauschs durch Musikausstellungen

Otto Biba

Die Autoren dieses Buches waren die Kuratoren der Ausstellung „150 Jahre Musikbeziehungen Österreich-Japan" (November 2019 in Tokyo). Sie stehen seit langem in wissenschaftlichem Kontakt und gegenseitigem Informationsaustausch, nicht zuletzt als Folge der Musikausstellungen, die von der Firma Suntory seit den 1980er Jahren veranstaltet wurden.

Dass die Firma Suntory mit ihren unternehmerischen Gewinnen immer Kultur gefördert hat, kann man für die frühere Zeit am schönsten am 1961 eröffneten Suntory Museum of Art für Kunst und Kunstgewerbe aus Japan erkennen, damals in Akasaka-mitsuke gelegen und seit 2007 in Tokyo Midtown. Die Bestände des Museums sind einzigartig. Als sich das Projekt konkretisierte, in Akasaka in einem völlig neu entstehenden Stadtteil ein Konzertgebäude für klassische/westliche Musik zu errichten, das zum führenden Konzertsaal Japans werden sollte, wurde diese Hinwendung von Suntory zur klassischen Musik aufgrund einer Idee des damaligen Präsidenten Keizo Saji mit Ausstellungen vorbereitet, die erst im Suntory Museum stattfanden. Die Öffentlichkeit sollte darauf aufmerksam gemacht werden und sich daran gewöhnen, dass Suntory neben seinem Unternehmensziel, Getränke höchster Qualität zu erzeugen und zu vertreiben, und der bisherigen Kulturförderung auf dem Gebiet der bildenden Kunst und des Kunsthandwerks japanischer Tradition auch die Musik westlicher Tradition fördern will. Für diese Ausstellungen war die Gesellschaft der Musikfreunde in Wien der wichtigste Partner Suntorys, weil die meisten Ausstellungen von Archiv, Bibliothek und Sammlungen der Gesellschaft der Musikfreunde in Wien aus den eigenen Beständen gestaltet wurden. Es waren dies folgende Ausstellungen der Gesellschaft der Musikfreunde in Wien:

1983 Beethoven-Ausstellung, Suntory Museum
1984 Schubert-Ausstellung, Suntory Museum
1987 Ausstellung: Amadeus. Mozart und Salieri, Suntory Museum
    (gemeinsam mit der Internationalen Stiftung Mozarteum
    Salzburg)

1989 Gustav Mahler, Suntory Museum

1991 Mozart, Suntory Museum (gemeinsam mit der Internationalen Stiftung Mozarteum Salzburg)

Alle diese Ausstellungen des Archivs der Gesellschaft der Musikfreunde in Wien firmierten unter „Suntory's Musikausstellung". Von anderen Institutionen aus Deutschland, Polen und der Sowjetunion waren folgende von Suntory's Musikausstellungen im Suntory Museum gestaltet: Bach (1985), Chopin (1988), Tschaikowsky (1990), Wagner (1992).

Im Jahr 1992 war die 1986 eröffnete Suntory Hall längst etabliert und Suntory als Synonym für Heimat der westlichen klassischen Musik in Japan im allgemeinen Bewusstsein fest verankert. Daher wurde vorerst auf weitere Musikausstellungen verzichtet. Aber schließlich zeigte es sich, dass für das Publikum eines Konzerthauses eine Ausstellung ein wichtiges ergänzendes Angebot sein kann, dass das Veranstalten von Musikausstellungen also eine lohnende ergänzende Aufgabe für den Konzertveranstalter darstellt. Die Suntory Hall begann 2008 ergänzend zu ihrem Musikprogramm oder passend zu anfallenden Jubiläen unabhängig vom Suntory Museum im eigenen Haus dem Publikum Musikausstellungen anzubieten. Ihr Partner für alle diese Ausstellungen war die Gesellschaft der Musikfreunde in Wien mit ihrem Archiv. Es waren dies folgende Ausstellungen:

2008 Herbert von Karajan, Suntory Hall

2012 450 Jahre europäisch-japanische Musikbeziehungen, Suntory Hall

2013 Ludwig van Beethoven, Suntory Hall

2019 150 Jahre Musikbeziehungen Österreich-Japan, als Ausstellung der Suntory Hall im Hotel Okura Tokyo South Wing

Ob Suntory Museum oder Suntory Hall, Suntory war zwar immer der Ausstellungsveranstalter, aber Suntory hat dafür immer auch Partner gehabt. Seit der Ausstellung im Jahr 2012 war dieser Partner „Daiwa House". Da „Daiwa House" auch die „Wiener Philharmoniker Woche" (2011, 2013 und 2019) in der Suntory Hall sponserte, waren die Ausstellungen der Jahre 2013 und 2019 zur Zeit der „Wiener Philharmoniker-Woche" angesetzt, ausgenommen im Jahre 2011, wo die

Ausstellung wegen des Erdbebens ein Jahr aufgeschoben wunde. Die Wiener Philharmoniker brachten die Musik in die Suntory Hall, das Archiv der Gesellschaft der Musikfreunde brachte die Ausstellungsobjekte in die Suntory Hall, ausgewählt von den Ausstellungskuratoren, die diese zu einer Ausstellung gestalteten. Ensembles der Wiener Philharmoniker musizierten in der Ausstellung, die Ausstellungs-Kuratoren Otto Biba und Ingrid Fuchs (Archivdirektor und Archivdirektor-Stellvertreterin der Gesellschaft der Musikfreunde in Wien) hielten im Rahmen der Ausstellung Vorträge. In jeder Hinsicht ein Höhepunkt in dieser Ausstellungtradition war die Ausstellung des Jahres 2019 „150 Jahre Musikbeziehungen Österreich-Japan". Sie war die größte Ausstellung mit den meisten Objekten, es gab mehr Ausstellungskonzerte von Ensembles der Wiener Philharmoniker als je zuvor, weil diese nunmehr alle Ausstellungskonzerte gespielt haben. War 2012 bei der Ausstellung „450 Jahre europäisch-japanische Musikbeziehungen" zu den beiden Wiener Kuratoren von japanischer Seite Ryuichi Higuchi hinzugekommen, so war dies 2019 Midori Takeishi.

Diese Ausstellungen waren wichtig für die japanische Öffentlichkeit und entsprechend gut besucht. Komponisten längst vergangener Zeiten kommen mit ihren Handschriften, mit anderen Dokumenten, mit ihren Porträts und mit Erinnerungsgegenständen nach Japan! Die Musiklieber haben keine Kopien vor sich, keine Reproduktionen wie in Büchern, nein Originale. Das gibt das Gefühl der unmittelbaren Begegnung von einem Musikliebhaber mit dem großen Meister bzw. mit dem, was von ihm außer der Musik noch geblieben ist. Die Ausstellungen waren auch wichtig für Wissenschaftler, die nun das, was ihnen vielleicht aus Reproduktionen vertraut ist, vor sich in der Vitrine sehen können, was meist einen völlig neuen Zugang zum Objekt gibt.

Die Ausstellungen waren auch wichtig für das Entstehen und die Vertiefung musikalischer und wissenschaftlicher Beziehungen zwischen den Wissenschaftlern aus Österreich und aus Japan. Bin Ebisawa, Makoto Ohmiya, Ryuichi Higuchi, Midori Takeishi, Otto Biba, Ingrid Fuchs, Rudolph Angermüller, da sind Kontakte zwischen führenden Wissenschaftlern und Wissenschaftlerinnen entstanden, die in vielfacher Weise, weit über die Ausstellungen hinaus Früchte getragen haben. Österreich und Japan sind sich auf musikalischem Gebiet sehr nahe, infolge der Ausstellungen rückten sie auch auf musikwissenschaftlichem Gebiet eng zusammen. Alle solche „Folgen" der Ausstellungen für die kollegiale Zusammenarbeit aufzuzählen, ist hier nicht der Platz. Schließlich waren die Ausstellungen auch wichtig, um dem musikinteressierten Publikum die Nähe von Musik und Wissenschaft zu zeigen: Man erfreut sich an Musik. Weiß man Hintergründe und Zusammenhänge, wie und unter welchen Umständen die Musik entstanden ist, kennt man nicht Legenden, sondern Dokumente zur Lebens- und Schaffensgeschichte des Komponisten, hat man die Begegnung mit den Komponisten über ihre Handschriften, Portraits, Dokumente erlebt – vor denen man unmittelbar (nur durch eine Glaswand getrennt) gestanden ist – dann hat man einen noch viel besseren Zugang zur Musik, man hört sie persönlicher, sie kann einen noch mehr berühren. Daher haben diese Ausstellungen auch Erziehungsfunktionen für das Publikum, das in solchen Ausstellungen Schönes sehen soll, aber auch die Möglichkeit wahrnehmen soll, zu lernen.

Die Firma Suntory hat sich mit diesen Ausstellungen große Verdienste erworben, für die ihr von den Ausstellungsbesuchern und allen Beteiligten wie Nutznießern zu danken ist.

Dieses Buch ist sozusagen die Transformation der Funktion einer Musikausstellung in ein Buch. Sie lesen Aufsätze, sehen Abbildungen und erhalten vielfältige Perspektiven für einen tieferen Zugang zur Musik, auch wenn Sie keinen einzigen Ton hören. Ich hoffe, dass die Ergebnisse des Wissensaustausches durch die bisherigen Musikausstellungen das bleibende Interesse vieler Menschen wecken und die bei diesen Ausstellungen geknüpften akademischen Kontakte noch lange anhalten, um die wissenschaftlichen Beziehungen auf vielfache Weise zu vertiefen.

資料所蔵元 Besitzer / Organisation	図番号 Abbildungsnummer
外務省外交史料館 Diplomatic Archives of the Ministry of Foreign Affairs of Japan	5, 6, 73, 74, 75
日本美術院 Japan Art Institute	32
東京音楽大学 Tokyo College of Music	34, 80
大垣市守屋多々志美術館 Ogaki City Moriya Tadashi Art Museum	38
東京芸術大学音楽学部大学史史料室 The Geidai Archives (Historical Document Room), Tokyo University of the Arts	41, 42, 44
日本近代音楽館 Toyama Kazuyuki Memorial Archives of Modern Japanese Music	48, 82, 94
宮内庁宮内公文書館 Imperial Household Archives	52, 54, 78
坂の上の雲ミュージアム Saka no Ue no Kumo Museum, Matsuyama	55
南あわじ市滝川記念美術館玉青館 Gyokusei Museum, Minami Awaji	69
アメリカ合衆国特許商標庁 United States Patent and Trademark Office	70
大垣市立図書館 Ogaki City Public Library	71, 77
個人蔵 Private Collection	76
国立国会図書館 National Diet Library	79

上記以外のすべての資料　Alle andere Abbildungen

ウィーン楽友協会アーカイヴ・ライブラリー・コレクション
Gesellschaft der Musikfreunde in Wien, Archiv, Bibliothek und Sammlungen

左記の各機関に加えて、ご教示とご協力をいただいた以下の方々に厚く御礼申し上げます（敬称略）。

Zusätzlich zu den oben genannten Organisationen möchten wir den folgenden Personen für ihre Lehre und Zusammenarbeit unseren aufrichtigen Dank aussprechen.

田中佐
Prof. Tasuku Tanaka

戸田香代子
Kayoko Toda

リタ・ブリール
Rita Briel

宮田奈々
（シュタイレック城美術館・文書館）
Dr. Nana Miyata
(Museum und Archiv im Schloss Steyregg)

佐々木亮
（サントリー芸術財団）
Ryo Sasaki
(Suntory Foundation for the Arts)

本書は公益財団ローム ミュージック ファンデーションの助成により刊行されたものである。
Dieses Buch ist mit Unterstützung der Rohm Music Foundation veröffentlicht.

公益財団法人 ローム ミュージック ファンデーション

著者紹介

オットー・ビーバ
ウィーン楽友協会アーカイブ・ライブラリー・コレクショ
ン室長 (1979–2021)

イングリッド・フックス
ウィーン楽友協会アーカイブ・ライブラリー・コレクショ
ン副室長 (1999–2019)

武石みどり
東京音楽大学理事・副学長

Die Autoren:

Prof. Dr.Dr.h.c. Otto Biba
Über 40 Jahre (1979–2021) Direktor von Archiv,
Bibliothek und Sammlungen der Gesellschaft der
Musikfreunde in Wien

Prof. Dr. Ingrid Fuchs
Stellvertretende Direktorin (1999–2019) von Archiv,
Bibliothek und Sammlungen der Gesellschaft der
Musikfreunde in Wien

Prof. Dr. Midori Takeishi
Vizepräsidentin von Tokyo College of Music

音楽交流のはじまり
19世紀末ウィーンと明治日本

Musik im Austausch:
Wien im ausgehenden 19.
Jahrhundert und Meiji Japan

2022年3月31日　第一刷発行

31. März, 2022 1. Auflage

著者
オットー・ビーバ
イングリット・フックス

Geschrieben von
Otto Biba,
Ingrid Fuchs,
Midori Takeishi

編著
武石みどり

Herausgegeben von
Midori Takeishi

発行者
小柳学

発行所
株式会社 左右社
〒151-0051
東京都渋谷区千駄ヶ谷3-55-12
ヴィラパルテノン B1
TEL: 03-5786-6030
FAX: 03-5786-6032
http://www.sayusha.com

Verlag
Sayusha
Sendagaza 3-55-12-B1, Shibuya-ku
151-0051 Tokyo
TEL: +81-03-5786-6030
FAX: +81-03-5786-6032
http://www.sayusha.com

装幀
佐野裕哉

Covergestaltung
Yuya Sano

印刷
加藤文明社

Druck und Binding
Kato Bunmeisha